复旦光华青少年文库 | 科学素养系列

 上海科普图书创作出版专项资助

创新一定有秘诀

陈　健　钱维莹　著

复旦大学出版社

系统研究创新理论和方法论，为应用和实践服务。

袁张度
二〇一九年八月

袁张度教授题词

袁张度　中国创造学会名誉理事长，中国创造研究院院长，亚洲创造学会会长

前　言

我对创造学的关注,是从对创造技法的了解开始的。记得在苏州大学读书期间,一次偶然的机会,看到袁张度先生的《创造与技法》一书,便对书中内容产生了浓厚的兴趣。后来又陆续拜读了当时图书馆所能借到的几乎所有创造发明类书籍,并从《知识就是力量》等杂志上摘录了许多有关创造思维、创造技法的资料。在此基础上,我编写了《实用创新技法》讲义,并于1997年起在无锡轻工大学(后更名为"江南大学")开设"创造学"选修课程,学生的参与热情空前高涨。记得有一个学期在青山湾校区开设,报名人数达五六百人,开课时阶梯教室走道上都坐满了学生,还有许多学生在教室外的走廊里隔着窗户听课,后来不得不分班开课。学生选课的火爆,让我看到了创造学的价值和社会需求。

1999年,我受学校委托参与了无锡市创造学会的筹建工作并担任秘书长,在此期间有幸得到中国创造学会会长袁张度教授、秘书长夏定海教授和东南大学创造工程与创造教育研究所所长李嘉曾教授的帮助和指导。2002年,无锡市政府将"创新原理与方法"列为全市专业技术人员继续教育的公共必修课和国家公务员更新知识培训内容,我参与了教材的编写、命题组卷和教师培训指导工作。在这些工作中,深感创造学对实施创新工程、推进创新型城市建设和全民创新活动的重要性及现实意义。

当前，我国各行各业都在大力倡导创新，无论您是国家公务员、专业技术人员、在校学生，还是普通市民，每一个生活于当下的中国人，都已经无法游离于创新的行列之外。创新是民族的灵魂，是企业的根基，更应该成为每一个人的生活方式。创新不是少数人的事，而是每一个人的事。任何人，都应该将创新精神融入自己的事业与生活中，让生命充满创新的灵魂，让创新成为生活的习惯。

本书结合作者多年来从事创新教育和创新人才培养研究的实际，以及面向社会开设各类创新讲座、指导青少年科技创新及专利研发的实践经验编写而成。全书从创新理念、创新思维、创新方法、创新原理、创新能力、创新实践等六个方面展开介绍，提出若干有别于传统观念的创新理念，介绍破除常见思维定势、拓展创新思维的方法，选择性介绍具有较强实用性和可操作性的创新方法，结合实例介绍TRIZ创新理论中的40个创新原理，以及培养和提高创新能力的有效途径。本书力求选题新颖，内容丰富，深入浅出，可读性强。书中精选了一百多个极具说服力和富有参考价值的典型案例，通过生动的案例来说明问题。创新一定有秘诀，这个秘诀就隐藏在本书的各个章节中，你一定会从中获得许多有益的启发。

本书可作为各级、各类学校创造创新创业类课程和青少年学生拓展素质教育的课外读物，同时为创造创新创业类课程的任课教师提供丰富的讲课素材，还可供机关、企事业单位的领导和管理人员、专业技术人员及有志于创新的社会读者开拓创新思维、开发创新能力、开展创新设计和开发创新产品等活动时参考。本书每一章节相对独立，读者可以从您最感兴趣的任何一章读起。

中国创造学会名誉理事长袁张度教授、上海理工大学夏定海教授、无锡市创造学会首任会长蔡日增教授先后审阅了全书并提出了宝贵的修改意见，袁张度教授还亲自为本书题词。本书的编写得到了江南大学和无锡市科学技术协会的大力支持,河海大学党委书记朱拓教授对本书的编写给予了关心和鼓励。钱维莹老师参与了本书部分内容的编写,朱纯老师参与了本书的讨论、案例的选取及书稿整理等工作。复旦大学出版社梁玲编辑积极筹划本书的出版并付出了辛勤的劳动,作者在此一并表示诚挚的谢意。本书在编写过程中,查阅了国内外多部有关创造创新的论著,参考了大量报刊杂志和互联网上有关创新的信息、案例和文献资料,由于篇幅所限,无法全部列出。因编写水平有限,书中不当之处在所难免,恳请专家、同行和广大读者批评指正,以便今后不断改进和完善。

  本书出版之时,正值无锡市创造学会成立十五周年之际,谨将本书作为一份薄礼献给所有关心、支持和投身创造、创新事业的人们,愿创造、创新之花在中国大地上越开越旺。

陈　健

2015 年 5 月于江南大学

目 录

前 言

第1章　创新理念——观念决定成败 ………………… 1
　§1.1　危机＝危险＋机遇 ……………………………… 2
　§1.2　先射击后瞄准 …………………………………… 7
　§1.3　变乃唯一不变的真理 …………………………… 11
　§1.4　特色就是生命 …………………………………… 16
　创新思考题 …………………………………………… 21

第2章　创新思维——思路决定出路 ………………… 23
　§2.1　思维决定行为 …………………………………… 24
　§2.2　颠过来想，倒过去做 …………………………… 31
　§2.3　冲破习惯——跳出思维框框 …………………… 38
　§2.4　超越经验——破除唯经验定势 ………………… 44
　§2.5　超越书本——破除唯书本定势 ………………… 49
　§2.6　逆势而为——破除从众定势 …………………… 55
　§2.7　罗森塔尔效应——破除权威定势 ……………… 59
　创新思考题 …………………………………………… 64

第3章　创新方法——创新一定有办法 ……………… 67
　§3.1　焦点联想法 ……………………………………… 69
　§3.2　特性列举法 ……………………………………… 73
　§3.3　信息交合法 ……………………………………… 78

§3.4　检核表法 ······ 82
§3.5　还原法 ······ 90
§3.6　发明问题的解决理论(TRIZ) ······ 92
创新思考题 ······ 98

第4章　创新原理——成功一定有秘诀 ······ 101
§4.1　物理矛盾与分离原理 ······ 102
§4.2　技术矛盾与矛盾矩阵 ······ 108
§4.3　创新原理与应用实例 ······ 115
创新思考题 ······ 148

第5章　创新能力——人人是创新之人 ······ 151
§5.1　人人都有创新能力 ······ 152
§5.2　变"不可能"为"不,可能"——创新精神的培养 ······ 159
§5.3　创新始于观察——发现问题能力的培养 ······ 167
§5.4　展开想象的翅膀——想象能力的培养 ······ 177
§5.5　变"意见"为"建议"——解决问题能力的培养 ······ 182
创新思考题 ······ 189

第6章　创新实践——实践是检验创新的唯一标准 ······ 191
§6.1　理念与产品创新 ······ 192
§6.2　制度与管理创新 ······ 198
§6.3　营销与服务创新 ······ 202
§6.4　失败发明的启示 ······ 204
创新思考题 ······ 207

附录 ······ 209
附录1　创新潜能测试 ······ 209
附录2　主要参考文献 ······ 219

第1章
创新理念
——观念决定成败

创新理念是我们对创新的观点、看法和信念。创新理念来自实践，同时又是指导创新实践的法宝。

世界各大知名企业普遍都有自己独特的创新理念。例如，美国微软公司的创新理念是"淘汰自己，否则竞争将淘汰我们"，比尔·盖茨曾反复向员工强调，"微软离破产永远只有 18 个月"；通用电气公司以"进步是我们最主要的产品"为基本理念；惠普公司则强调"以世界第一流的高精度而自豪"。在硅谷，流传着这样一句名言："It's OK to fail（失败是可以的）!"那里的企业普遍推崇这样的创新理念："允许失败，但不允许不创新"，"要奖赏敢于冒风险的人，而不是惩罚那些因冒风险而失败的人"，以致有人认为，"失败是硅谷的第一优势"。这些创新理念是引领企业走向成功的秘诀之一。

创新理念有助于创新者树立创新精神，培养创新意识，做到与时俱进，开拓创新。创新理念应符合创新特点，体现创新规律，经得起创新的考验。愿本章介绍的一些创新理念，有助于您更新传统观念，开拓创新思路，用创新理念武装头脑，用创新理念引领创新实践。

§1.1　危机＝危险＋机遇

一、危机＝危险＋机遇

1998 年的洪水，2001 年的"9·11"事件，2003 年的非典，2008 年的冰雪灾害，"5·12"大地震，2009 年的甲型流感，横扫全球的金融风暴，2011 年的日本核泄漏，2013 年暑期全国多地持续、大面积 40℃高温……当今世界危机四起，对危机事件的防范和处理，已成为越来越多人关注的问题。

美国前总统尼克松曾说过："汉字用两个字符来书写'crisis（危机）'这个单词：'危'字代表着危险；'机'字则代表着机遇。危险和机遇往往相伴而生，当身处危机时，要意识到危险，同时不要忽略机遇

的存在。"尼克松先生对于危机的理解,可用下面的公式表示:

$$危机 = 危险 + 机遇$$

危机的存在有三个关键因素:一是几乎来不及行动或反应;二是缺少信息或信息不明确、不可靠;三是对物或人存在危险。

危险的可怕不在于危险本身,而在于人们对危险的认知。例如:同样站在10米跳台上,训练有素的跳水运动员可以轻松自如地作出各种高难度动作后入水;而对于一般人,特别是那些患有恐高症的人来说,光是走上10米跳台的过程都让他两腿发软。因此,面对危险,首先要提醒自己:危险,并没有想象的那样可怕。

我们每个人在生活中都可能会遇到各种各样的危机,如自然灾害、意外事故、金融风暴、下岗失业、事业受挫、情感危机等。危机往往与失败、挫折、受伤、痛苦等负面情绪紧密相连,常让人产生紧张、沮丧和恐惧心理。我们每个人应学会理性看待危机,学习应对危机的必要技能。

【霍金的危机观】

斯蒂芬·霍金在21岁时,就被查出患有运动神经细胞萎缩症。他的病情渐渐加重,29岁时,在学术上声誉日隆的霍金已无法自己行走,他永远地坐进了轮椅。疾病的折磨,使霍金逐渐失去了语言能力,只能通过一台特殊的电子设备与外界进行交流。但霍金仍然顽强地工作和生活着,并且极其艰难地写出了著名的《时间简史》,在探索宇宙起源等方面取得了巨大成功,被誉为"宇宙之王"和继爱因斯坦之后世界上最杰出的科学家之一。

霍金曾在一本书中写道,当他得知自己患病时,情绪十分沮丧。但一番深思之后,却变得很高兴,因为这正好能使他专心于自己最具才能的事业。许多科学家都是因为来自外界的影响,使他们偏离了自己的学术研究。霍金说:"我不会有比这更好的命运机遇了,对此我心存感激。"

西方有句俗语:上帝为你关上一扇门,一定为你打开了一扇窗。当危机来临时,化解它的利刃其实就藏在每个人的心里。不要认为只有"门"才是出路,去找那扇你一直没有发现的"窗"吧!

霍金能把厄运看作一种机遇,那么,我们该如何从危机中抓住转瞬即逝的机遇呢?

二、一分为二看危机,逆向思维找机遇

危机,就像是一枚硬币的两面,翻过来是背面,顺过去就是正面。危险中有机遇,机遇中有危险。任何事都不会是一味的"好事"或"坏事",既然如此,再坏、再可怕的危险,其本身也有值得我们细细推敲的"另一面",找出这潜在的"另一面",就是发现机遇的转折点。

【变破产为盈利】

美国有个奇怪的企业家,名叫保罗·道密尔,他专门收购濒临破产的企业,而这些企业一到他手中,很快又一个个起死回生,变得生龙活虎。

为什么失败的企业到了他的手里就能赚钱呢?道密尔的答案是:别人经营失败了,接过来就容易找到它失败的原因。只要把缺点改过来,自然就会赚钱,这比自己从头干起来省力得多。

有一次,道密尔看中一家即将倒闭的工艺品制造厂,就以较低的价格买下,然后进行整顿。通过改变品种、降低成本、裁减冗员、提高效益,很快就使这个企业起死回生。以前这家企业采用推销办法,他大胆改革,改为经销制度。没过多久,这家工艺品小厂就大为改观,为道密尔带来丰厚的回报。

要成为创新者,最重要的是要有创新的头脑。对待危机要冷静分析、沉着应对,要真正掌握产生危机的实际情况,随时作出正确的

决策。这样,就有可能变危险为机遇,变破产为盈利。

【变危机为机遇】

2008年全球股市动荡,屡次刷新跌幅纪录。但英国一名绰号"伦敦卖空之王"的股票经纪人西蒙·考克韦尔却把金融危机当成他的商机,在金融危机中还能继续赚大钱。他曾在不到1小时内净赚25万英镑(约合43万美元)。在英国证券交易师圈子内考克韦尔以擅长卖空操作著称。股市当时正如他所料,处于跳水态势。考克韦尔称自己的赚钱法宝就是卖空,秘诀是相信自己的判断。

卖空是指投资者从经纪公司等处先借入股票在市场上卖出,未来再从市场上买入股票归还。如果股票价格在投资者卖出后下跌,投资者可赚取差价。这种投资方式风险不小。如果"押宝"的股票不跌反升,投资者就会遭受损失。

考克韦尔把金融危机和股市动荡看作机会,他对自己的判断充满自信。"我喜欢这场危机,因为这时一些人会显得愚蠢,"他笑着说,"我一直喜欢快速变化的股市形势,因为不够聪明的人这时候犯错更多,我可以从中牟利。"

考克韦尔的经历给我们一个启发,那就是当遇到危机时,我们应该一分为二看危机,逆向思维找机遇。具有创新意识的人,善于从危险中寻找机遇,变危机为创新的契机,从而摆脱困境,实现创新。

三、在竞争中生存,在危机中发展

古希腊的一位哲学家曾经说过:"人类的一半活动是在危机和竞争中度过的。"正因为如此,我们应当学会在竞争中生存,在危机中发展。下面的故事,也许能说明这个道理。

【鲶鱼效应】

日本的北海道出产一种味道珍奇的鳗鱼,海边渔村的许多渔民都以捕捞鳗鱼为生。

鳗鱼的生命非常脆弱,只要一离开深海区,要不了半天就会全部死亡。奇怪的是有一位老渔民天天出海捕捞鳗鱼,返回岸边后,他的鳗鱼总是活蹦乱跳的。而其他几家捕捞鳗鱼的渔户,无论如何处置捕捞到的鳗鱼,回港后都全是死的。

由于鲜活的鳗鱼价格要比死的鳗鱼几乎贵出一倍以上,所以没几年工夫,老渔民一家便成了远近闻名的富翁。周围的渔民做着同样的买卖,却一直只能维持简单的温饱。

老渔民在临终之时,把秘诀传授给了儿子。原来,老渔民使鳗鱼不死的秘诀,就是在整舱的鳗鱼中,放进几条叫鲶鱼的杂鱼。鳗鱼与鲶鱼非但不是同类,还是出名的"死对头"。

几条势单力薄的鲶鱼遇到成舱的对手,便惊慌地在鳗鱼堆里四处乱窜。这样一来,反而把满满一舱死气沉沉的鳗鱼全给激活了。

一种动物如果没有对手,就会变得死气沉沉。鳗鱼正是有了鲶鱼这样的对手,才长久地保持生命的鲜活。同样,一个人如果没有对手,那他就会养成惰性,甘于平庸,不思进取。一个群体如果没有对手,就容易丧失活力和生机。一个行业如果没有了对手,就会丧失进取的意志,就会安于现状而逐步走向衰亡。

有了对手,就会有危机感,就会有竞争力。有了对手,你便不得不奋发图强,不得不革故鼎新,不得不锐意进取。许多人都把对手视为眼中钉、肉中刺,视为心腹大患,恨不得马上除之而后快。其实只要反过来仔细一想,便会发现拥有一个强劲的对手,反而倒是一种福分,一种造化。因为一个强劲的对手,会让你时刻保持危机感,会激起你更加旺盛的创新精神和斗志。

四、认清危险,瞄准机遇

管理学中所说的危机管理,通常包括危机爆发前的监测预警、危机爆发时的应对处理和危机爆发后的善后管理等。普林斯顿大学的诺曼·R·奥古斯丁教授认为,每一次危机本身既包含导致失败的根源,也孕育着成功的种子。发现、培育以便收获这个潜在的成功机会,是危机管理的精髓。

世界上的许多事情都是危险与机遇并存,灾祸和幸运相依。面对危机,我们要时刻保持清醒的头脑,保持创新的意识,明辨其中的危险因素和机遇因素,采取有效措施,控制或摆脱危险,利用和发展机遇,那么就能化险为夷,变危险为机遇,变危机为契机。

§1.2 先射击后瞄准

一、心灵鸡汤是这样熬成的

不知您是否看过《心灵鸡汤》,该书1993年初版后即大受欢迎,1994年底荣登《纽约时报》畅销书榜,此后持续90周之久,1995年获美国畅销书协会年度最受欢迎畅销书奖,并被《人民周刊》、《福布斯》等各大报刊转载,深得广大读者推崇与青睐。如今它已被译成40多种文字,发行50多个国家,成为总销量上亿册的全球超级畅销书。

《心灵鸡汤》的作者杰克·卡菲尔德介绍了该系列书籍如何一炮打响的经历:

【心灵鸡汤】

出版第一套《心灵鸡汤》系列丛书时,我突发奇想,如果能在各地报刊上发表《心灵鸡汤》中的一两篇文章,在末尾附上一段《心灵鸡汤》丛书的广告,一定会有助于丛书的销售。我当时根本不懂给报刊投稿的程序,但我决定先"射击",再根据这一"枪"

落到"靶子"上的位置"瞄准"。

我把《心灵鸡汤》中的一个故事《你是在养孩子,不是在养花》传真给《洛杉矶家长杂志》,并给主编贝尔曼先生附上一封信,希望他能采用该稿并帮助宣传《心灵鸡汤》丛书。

几周后,我收到主编的回信:"亲爱的杰克,你真令人恼火,你怎敢要求我的杂志免费给你做广告?你事前没来问询函,竟直接把稿件发到我的办公室!但我还是忍不住看了你的文章。不用说,我会采用它,我也答应印上你写的那'几句宣传的话'。我相信本刊的20万读者将会看到你的文章,并为之感动。最良好的祝福。主编杰克·贝尔曼。"

根据第一次"射击"的结果,我开始"瞄准",再次扣动"扳机"。一个月之内,我向全美50多家编辑部发去了那篇《你是在养孩子,不是在养花》。共有30多种报刊发表了我的文章和小广告,向600万人免费宣传了《心灵鸡汤》系列丛书。

《心灵鸡汤》之所以能一炮打响和迅速走红,除了书的内容本身吸引读者外,也离不开"先射击,后瞄准"的出色营销手段。人们对"预备—瞄准—射击"这套常规射击程序都很熟悉,这并没错;但问题是很多人一辈子都在"预备"和"瞄准",而错失了扣动"扳机"的机会。

二、先射击后瞄准

【打坦克的技巧】

有一次,法国部队与德国部队联合演习,其中一个任务是摧毁树林里的一个目标。法国人的坦克炮筒很长,准确度高。德国人用的是美国坦克,自动化程度高,炮筒较短。接到指令后,法国人立刻派一个士兵爬到树上,先找到两个教堂的尖顶做参照点,

> 然后将测量的数据输入电脑,根据电脑计算的结果调整角度,最后射击;随后,根据第一次射击的偏差再校准角度,第二次射击时就把目标击中。
>
> 德国人采用的方法不一样,他们看准了大致的方向就射击,然后不断地前进、射击、调整偏差,最后几乎毁掉了整个用来演习的树林,才把目标击中。不过一算时间,他们比法国人用得要少。

在这个故事中,体现了"先瞄准后射击"和"先射击后瞄准"两种截然不同的作战思路。毫无疑问,前者是理性和稳妥的作法,后者较为感性但速度快。客观而言,两种思路没有绝对意义上的对错之分,要具体情况具体对待。

许多情况下,"先射击后瞄准"往往比"先瞄准后射击"更有效。在战场上,比对手快一秒钟就意味着胜利。企业做市场也是一样。市场即机遇,有时慢一拍,等待我们的就不再是黄金而是黄沙了。如果把市场机会比作一只大雁,有人还没打下大雁,就先讨论怎么烹饪,是清炖还是红烧,等讨论好了再想打时,大雁早已飞得杳无踪迹。做市场一定要抢抓机遇,在行动中解决问题,在行动中收获快乐与果实。

当然,"先射击后瞄准"并不是要乱开炮,这样会浪费太多炮弹。事实上,无论做什么事,我们的方向不能过于模糊。但在实际竞争中,往往不可能有充分的时间来准确瞄准某个目标后再射击,只能一边向目标方向开炮,一边做出调整。没有瞄准好,也得射击。很多事情如果过于理性是不现实的,什么事都完全想好再去做,往往会贻误战机、浪费机会。也许就在你"漫无目的"地大肆炮击后,突然惊喜地发现,目标已经被你击毁!

创新,既要学会"先瞄准,后射击",也要学会"边瞄准,边射击",还要学会"先射击,后瞄准"!

三、磨刀也误砍柴工

"磨刀不误砍柴工"是一句古训,说的是磨刀虽然需要花费一点时间,但这并不会耽误砍柴,因为把工具磨快了,会加快砍柴的速度,会收到事半功倍的效果。

但是,磨刀也有可能会误了砍柴工。如果我们只砍一捆柴,却花上好几天工夫去磨刀,显然是不明智的。有时等你把刀磨好了,柴都被别人砍完了。

在现实生活中,还有很多人只会磨刀、不会砍柴。用毕生精力磨的刀,即使锋利无比,也会在砍上几次柴后变钝。

因此,我们不能只停留在磨刀阶段。磨刀是手段,砍柴才是目的。我们需要的是不仅会磨刀,更要会砍柴。

面对目标,我们可以拿着自己的刀去砍柴,也可以借用别人的刀去砍柴。创新者要把握好"磨刀"的时机,学会该磨刀时磨刀,当砍柴时砍柴。不要拿砍柴的工夫来磨刀。有时,我们还要学会边磨刀边砍柴,边砍柴边磨刀,做到在学中用,在用中学。只有这样,我们才不会错过成功的机会,才能跟上这个瞬息万变的时代。

四、行动是老子

在黄山风景区西海至光明顶的盘山道上有一座"行知亭",亭前的石牌上镌刻着我国著名教育家陶行知先生的格言:"行动是老子,知识是儿子,创造是孙子"。

陶行知先生一生中曾几次给自己改名。他原来叫陶文俊,青年时期受明代思想家王阳明"知是行之始,行是知之成"观点的影响,给自己改名"陶知行"。后来的教育实践使他认识到"行是知之始,知是行之成",于是第二次改名"陶行知"。然而,就是这"行"与"知"两个字顺序的小小变动,却蕴含了陶先生丰富的教育思想和实践追求,表明了他的创造观:要创造必须要有知识,而要有知识必须先行动(实践),行动是第一位的。

美国企业界有一个流行的说法:"你不射门,你百分之百没有命中率。"要想成就一番事业,就应该立刻行动起来,"心想"加上行动才会"事成"!

§1.3 变乃唯一不变的真理

一、谁动了我的奶酪

美国作家斯宾塞·约翰逊在《谁动了我的奶酪》一书中,通过一个小小的寓言故事,阐述了"变是唯一不变"的真理,简短的故事却蕴涵着深刻的道理。

【谁动了我的奶酪】

4个小生灵生活在一个迷宫里,他们是老鼠嗅嗅和匆匆、小矮人哼哼和唧唧。奶酪是他们要追寻的东西。

有一天,他们同时发现了一个储量丰富的奶酪仓库,于是便在其周围构筑起自己的幸福生活。

很久之后的某天,奶酪突然不见了!

这个突如其来的变化,使他们的心态暴露无遗:

嗅嗅和匆匆随变化而动,立刻开始出去寻找,很快就找到了更新鲜更丰富的奶酪。而两个小矮人哼哼和唧唧面对变化却犹豫不决,烦恼丛生,抱怨"谁动了我的奶酪",它们无法接受奶酪已经消失的残酷现实。

唧唧经过激烈的思想斗争,终于冲破了思维的束缚,重新进入漆黑的迷宫,并最终找到了更多更好的奶酪,而哼哼却仍在对苍天的追问中郁郁寡欢……

在《谁动了我的奶酪》这个故事中,老鼠嗅嗅和匆匆能及时地嗅出变化的气息,匆匆能迅速作出行动,而小矮人哼哼和唧唧,既怕失去"奶酪"的饥饿,又怕寻找新"奶酪"的艰辛和危险。其中唧唧看到变化会使事情变得更好时,能够及时地调整自己去适应变化。

故事里的"奶酪"是对我们在现实生活中所追求目标的一种比喻,它可以是一份工作,也可以是爱情、职位、金钱、幸福、健康,或是一种安宁富足的精神世界等。

我们每个人的内心都有自己想要的"奶酪"。我们追寻它,想要得到它,因为我们相信,它会带给我们幸福和快乐。而一旦我们得到了自己梦寐以求的"奶酪",又常常会对它产生依赖心理,甚至成为它的附庸。

出于人的本性,我们都渴望能永远生活在安逸、温暖的环境里,没有风吹草动的惊吓,没有辛苦劳顿的痛楚。但问题是事物总是在或明或暗地发生着变化。一旦我们忽然失去了"奶酪",我们的内心会因此而产生强烈的恐惧和不安。

显然,面对变化,我们多数人都更像哼哼和唧唧,整天抱怨"谁动了我的奶酪"!

二、凡事要"随变"

有句歌词这么唱:"不是我不明白,是这个世界变化快。"今天,我们生活在一个瞬息万变的时代,变化是一种常态、一种必然。唯一不变的真理,就是"凡事皆会改变"。

面对新的变化,如果固步自封而不能够很快适应,还自我安慰"面包会有的","奶酪会回来的",则往往会陷入困境而不能自拔。到有一天,当你发现失去的奶酪永远不会回来时,终会追悔莫及。

"面包"也好,"奶酪"也好,不会平白无故地从天而降。要想寻找到新的"奶酪",就要学习嗅嗅和匆匆,马上行动以适应变化,才有可能重新获得"奶酪",甚至获得更新鲜更可口的"奶酪"。

进化论的奠基人达尔文早就说过:"能够幸存下来的物种,不是最强的,也不是最聪明的,而是最能适应变化的。"

创新者不管在什么时候都应有"居安思危"的忧患意识,要时刻充满激情,有着嗅嗅那样灵敏的嗅觉和匆匆那样迅速的行动,并学会像唧唧那样不断进行心理调节,战胜自我恐惧。面对新的变化,创新者不应该被动地变,而要主动地变,要学会"随变",即做到随时而变,随机而变,随需而变,在变化中开拓创新,在变化中进步发展,这样才能适应当今社会改革发展的需要。

创新归根结底只有一个字——变。变乃唯一不变的真理。

三、成功的秘诀在于"变"

应对变化,成功者的一个秘诀是:每天改变一点点,每天进步一点点,每天创新一点点。

一个人,如果"每天改变一点点,每天进步一点点,每天创新一点",哪怕只是1%的变化,试想有什么能阻挡得了他最终达到成功?一个企业,如果把"每天改变一点点,每天进步一点点,每天创新一点点"作为企业文化的一部分,当其中的每个人每天都能这么要求自己,试想有什么能阻挡得住它最终的辉煌?

我们的竞争对手常常不是被我们打败的,而是他们自己忘记了"每天改变一点点,每天进步一点点,每天创新一点点"。成功者往往并不更聪明,而是"每天改变一点点,每天进步一点点,每天创新一点点"。

让我们从日常点滴变化做起:

每天都完成一个小目标;

每次都力求做到比上次好一点点;

每个细小环节都进步一点点;

每次修正自己的一点点不足;

每次都创新一点点;

……

奥林匹克运动有句著名的"更快,更高,更强",这是顾拜旦的好友、巴黎阿奎埃尔修道院院长亨利·迪东在一次学生户外运动会上鼓励学生们时所说,"在这里,你们的口号是更快、更高、更强。"顾拜旦借用它作为奥林匹克格言,充分表达了奥林匹克运动不断进取、永不满足的奋斗精神。短短六个字的含义非常丰富,它既是指在竞技场上面对强手时,发扬大无畏的精神,敢于拼搏,敢于胜利,也是指对自己永不满足,不断战胜自我向新的极限冲击,还鼓励人们应该在生

活的各个方面不断超越自我,永远保持勃勃朝气。

四、拔毛实验的启示

让我们发挥想象力做个"拔毛实验"。

假如你的头上有十万八千根头发,用手拔掉一根,头上看起来不会有任何变化。接着你再拔下一根头发,你的头上还是不会有明显的变化。

如果你每秒钟都拔掉一根头发,并且以这样的速度不停地拔下去,那么1小时能拔掉3 600根,15小时就能拔掉一半的头发,再过15小时头上就一毛不剩了。

拔毛实验说明,许多事情都经历由渐变到突变的变化过程。不论是知识,还是智慧、朋友和财富,如果你每天比别人少一点,开始可能没有什么感觉,但若干年后蓦然回首,你就会看到人与人之间的巨大差别。

如果你每天落后别人半步,一年就是183步,10年后就是十万八千里!

点点滴滴,造就非凡。

五、由变而生的创新

图变多奇思,创新天地宽。观念创新离不开变,思维创新离不开变,产品创新也离不开变。下面介绍几则来自西瓜的创新。

【方形西瓜】

2001年夏天,日本四国岛的果农生产出一种方形西瓜,这种西瓜一改传统西瓜圆头圆脑的模样,与普通西瓜相比,更易于运输和存放,也便于放进冰箱中冷藏。方形西瓜的生产十分简单,瓜农们在西瓜的成长期给它们套上方形的有机玻璃罩,由于受到容器形状的限制,西瓜成熟时就会自然长成方形。

方形西瓜在日本推出时,每个售价高达1万日元(约合人

图 1-1　方形西瓜

民币600多元)。尽管方形西瓜的味道与圆形西瓜完全一样,仅仅是在外形上作了改变,但正是这种变化,迎合了大众求新、求异、求变的心理。人们出自好奇,纷纷争着购买方形西瓜,方形西瓜一时竟成为东京最畅销的水果。

我国南京等地的果农试种方形西瓜也获得了成功,并作为"礼品西瓜"推向市场,每个方形西瓜售价在60元以上。果农们还在方形西瓜的基础上不断创新,相继推出了120元一对的心型情侣西瓜,外表刻有"囍"、"LOVE"等字样的西瓜,受到了消费者的青睐。

【香味西瓜和酒味西瓜】

西瓜吃起来很甜,但闻起来没有香味。河南农学院最近培育成功一种"香味西瓜"。这种西瓜不仅皮薄肉厚,比一般西瓜甜4~6倍,而且放在屋里清香袭人,闻着解暑,吃着解渴。

美国园艺师恩德曼成功培育出一种"酒味西瓜"。在西瓜生长时,他用一根灯芯,一端浸在美酒里,另一端接在瓜藤的切口上,用石膏封固。结果等到西瓜成熟后,酒香扑鼻,吃起来别有一番风味。不过估计这种西瓜也不能多吃,否则一样可以醉人。

方形西瓜是传统西瓜形状的改变,而香味西瓜和酒味西瓜则是传统西瓜口味的改变。这一简单的改变,迎合了人们求新求变的心理,产生了奇特的创新效果。

变乃唯一不变的真理。孙悟空之所以有本领,是因为它有七十二般变化。凡事有变化才有创新,凡事有变化才有生命力。简单的一个"变"字,诠释着丰富的创新内涵。

§1.4　特色就是生命

一、特色就是生命

2009年的春节联欢晚会小品《不差钱》中,小沈阳怪异的装扮、独具个人特色的表演,还有他惟妙惟肖地模仿刘欢和刀郎的歌声,赢得全场爆笑,一夜走红。他在春晚结束后注册的博客,一夜之间点击率逼近300万。"小沈阳"、"不差钱",甚至是台词"纯爷们"都成了域名抢注的对象。

小沈阳获得成功在于他具有与众不同的特色。特色就是生命,有特色才有生命力。小沈阳头上的发卡、腰上的花裙子和他装嗲的表演,成为小沈阳的个人标志。

与小沈阳相反,英国特工"007"的特色却是长得没有特色。

【"007"的特色】

好莱坞大片"007"系列中的詹姆斯·邦德,是许多人心目中标准的特工形象。这个英国军情六处的特工高大英俊,风流倜傥,身边无数美女为其倾倒。

军情六处又称英国秘密情报局,成立于1909年,总部位于伦敦。它隶属于英国外交部,专门负责对外情报工作,在英国境外收集情报,以支持政府的安全、防务、外交和经济政策。电影中特工"007"的原型正是来自军情六处。

> 英国军情机关招聘特工,吸引无数人前来报名。然而,军情六处招聘简章上的一条规定却让许多人大跌眼镜:男性应聘者的身高不能超过1.8米,女性不能超过1.73米。该规定还给长相英俊漂亮的男女应征者泼了冷水:"你的长相应该是不显眼的,我们所需要的只是身高、外形和长相都很普通的人。"

军情六处招聘特工之所以有这样的要求,是基于特工职业的考虑。特工人员混在人群中必须毫不显眼,这样才不容易被人认出来。如果特工的脸长得像李咏那么长、眼睛像赵薇那么大、身材像姚明那么高、说话像唐老鸭那么怪,反而容易惹人注意,从而暴露自己的身份。长得没有特色,是特工们最大的特色。

二、从"标准件"到个性化

我国沿袭计划经济模式的传统教育,常常以统一的模式衡量和要求学生,如统一的教学目标、统一的教学内容、统一的教学进度、统一的考核方式等。这种"标准化"的培养模式,过于强调人才统一的一面,很容易磨平学生个性的棱角,使学生的自主性、主动性和创造性受到压抑,培养出的学生往往缺乏个性风采,成为千人一面、千篇一律、千腔一调的"标准件"。

现代教育观念认为,人的各种能力及其发展有类型和层次上的差异,每个人都是具有独立个性的人,都有着自己不同的发展优势和发展方向。前苏联教育家苏霍姆林斯基在《给教师的建议》的第一条中指出:"对一个学生来说,5分是成就的标志,而对另一个学生来说,3分就是了不起的成就。"因此,我们不能用一个模式、一个标准去培养每一位学生,必须做到以人为本,使每个学生都得到全面而个性化的发展,通过教育目标、学习课程、教学方法、组织形式等的多样化、灵活化、个别化设计,有效地实施因材施教,发掘每个学生的特长,做到不求全责备,鼓励学生扬长避短,培养独立人格,发展个性才能,为每个学生的发展提供有利条件。

创新教育在强调培养学生独立个性的同时,要求教师首先具有独立个性,即要求每个教师具备自身的个性素质和个性品质,有自己独特的教学风格。苏霍姆林斯基说过:"一个无任何特色的教师,他教育的学生不会有任何特色。"教师的个性会强有力地影响学生的智慧、情感和意志的发展。教师应当充分发挥自己的教学特色,走出标准件式的教学模式,开展多样化、个性化的教学。

三、你有什么特长?

现代学校教育理念倡导全面发展和个性化发展相结合。我们每个人在全面发展自我的同时,要注重培养属于自己的特长。这样你才能有别于其他人,在某一方面凸显你的优势。

【将特长随身携带的人】

有一名技校毕业的电工,很长一段时间他靠四处上门给人修点小东西生活,基本处于失业状态。父母劝他改行做点别的,但他从心里喜欢这个职业,喜欢到每天都要将自己心爱的小工具擦得锃亮,挂在腰里。

为了找到工作,他去了人才市场。在人群中走了一圈后他的情绪顿时跌到谷底,因为所有的招聘单位要求的学历基本没有低于大学专科的。

他站在一个著名电力公司的巨幅招聘海报下,看着一个个手里拿着厚厚简历和证书的应聘者们,他想可能无法找到属于自己的位置。就在这时,工作人员手中的话筒忽然传出一阵嘶哑模糊的声音,接着没有了声响,招聘者有些尴尬。这位电工是个热心人,他走到招聘台前,拍拍自己腰间别着的工具袋,对工作人员说:"我来帮帮你。"问题并不是很大,这位电工将修好的话筒还给工作人员时,发现对方正在翻阅他的简历。那位工作人员问他:

"你是来找工作的?"

他憨厚地点头一笑:"我文凭低,简历都投不出去。"

"那就把简历留给我看看吧。"工作人员说。

后来,他被破例招进那家电力公司,成为电力抢修部的一名员工。

上面的这个故事中,正是电工腰间别着的小小的工具袋打动了电力公司的招聘者。因为只有真正热爱工作的人,才会把工具随身携带,而把工具随身携带的人,才能以最快的速度投入工作状态。

一个将特长随身携带的人,往往也能以最快的速度找到岗位。

四、没有特色别开店

"没有特色别开店",这句话在国外很流行。

所谓特色经营,就是企业充分追求个性,形成与其他竞争者的显著区别,并利用这种区别(特色)来获取竞争优势。

特色经营是一种经营战略,目标是全方位持续不断地去创造属于自己的特色,包括经营特色、管理特色、功能特色、产品特色、质量特色、价格特色、服务特色、宣传特色等,最终形成企业个性形象,获得相对竞争优势。特色经营的出发点和归宿在于市场需求和顾客满意。

四川希望集团总裁刘永好提出"相对优势论",其实质就是制造特点,利用差别。他说:"大家都不讲信用,你讲信用,这就是优势;别人想不到的,你想到了,这就是优势;别人干不了的,你能干,这就是优势。"

麦当劳可以说是特色经营的典范。不仅它的CI设计非常成功,而且它在生产经营的许多细节都注意形成自己的特点。麦当劳厕所中的香水味型都是统一规定的,牛肉汉堡中牛肉饼的直径、厚度和重量标准精确到小数点后两位。做快餐食品的企业有几家能够做到呢?

特色经营是参与市场竞争的重要武器。没有特色就没有竞争力。下面几个颇具创新特色的企业,也许能给读者一些启发。

创新一定有秘诀

【夜间搬家公司】

日本大阪市出现了一家"夜间搬家公司"。这家公司能顺应雇主对搬家保密的要求,做到在夜深人静时汽车没有响动,工人不出声,不惊醒街坊邻居,悄悄地搬走。

在这些特殊顾客中,有些人是不希望自己的财产暴露在光天化日之下,因此选择夜间搬家。他们要求搬家公司非常保密地在最短时间里把东西搬走。另外有一些小业主,在经济危机的窘境下抵不住大企业的竞争,有的已经破产,有的濒临破产,他们迫切需要躲避一下债主,等还清债务再搬回来。夜间搬家公司因此生意兴隆,每天从子夜到凌晨,工人和车辆没有一刻空闲。

【慢递公司】

韩国电影《触不到的恋人》中有这样的情节,人们可以收到两年前别人寄出的信。如今,这样的故事在现实中也能上演。

无锡市滨湖区的朱先生别出心裁地开了一家名叫"真爱小镇"的"慢递公司",它负责托管全国各地寄来的信件,然后按照寄信人的要求,在一定时期后再向寄往处发送。

该公司的仓库内整齐排列着一个个货架,这些货架能存放十万多封信。公司人员解释,恋人、夫妻、朋友等如果想在若干年后给对方一个惊喜,就可以把邮件寄过来托管,时间到期后对方就会收到这份"过去"送来的礼物。该公司提供30天以上、10年以内的托管服务。

公司有一个网络平台,寄件人注册会员后留下通信地址和联系方法,然后通过邮政系统将邮件寄出,公司发送邮件同样也是通过邮政。期限快到时,他们会用短信通知寄件人确认收件地址,公司寄出邮件的费用由收件人支付。

人们都有求新、求变、求异的心理,特别的东西总是更能吸引人的注意力和兴趣。例如,到餐馆吃饭,喜欢品尝特色菜、特色小吃;到陌生的城市,喜欢游览那里的特色景点,买些当地的特产。产品有特色才会有市场,企业有特色才会有立足之地,人有特长才会有竞争力。

当今社会最时尚的词语之一是特色与创新,它反映了这个时代的特点。特色与创新已成为当代人的一种共识,也是时代潮流的体现。有特色,便有生存的前提,勇于创新,便有了发展的灵魂。

 创新思考题

1.1　本章提出的几个创新理念对你有何启发?

1.2　遇到危机时,如何一分为二看危机、逆向思维找机遇?

1.3　你认为创新应该是"先瞄准后射击",还是"先射击后瞄准"?

1.4　借鉴和模仿是否属于创新?创新者如何正确处理好借鉴、模仿与创新的关系?

1.5　你该如何适应当前飞速变化的创新时代,在变化中谋求创新与发展?

1.6　你有哪些特长?你将如何更好地培养和发挥自己的特长?

1.7　你的"短板"是什么?若想成为创新强者,你认为自己该怎么做,是"扬长补短"还是"扬长避短"?

第2章
创新思维
——思路决定出路

创新思维是人类思维的精华,是创新活动的核心。思维决定行为,思路决定出路。有了创新的思维,就有了创新的出路。可以说,一切创新成果都是创新思维结出的硕果。

本章通过案例说明创新思维对创新活动的重要性,介绍如何克服思维障碍,跳出思维框框,破除思维定势,养成创新的思维习惯。除本章内容外,本书其他各章节的内容和案例介绍中,也处处体现了创新思维。通过对全书的阅读,相信对拓展创新思路会有所帮助。

§2.1　思维决定行为

一、一念之差,天壤之别

很多人都知道下面这个到非洲推销皮鞋的故事:

【到非洲推销皮鞋】

欧洲的一家皮鞋厂,先后派两个推销员到炎热的非洲去推销皮鞋。

第一个推销员到了非洲后,看到当地人都赤着脚,没有穿鞋子的习惯。他很失望地想:"这里的人都习惯赤脚,根本不穿鞋,怎么可能买我的皮鞋呢!"于是便放弃了努力,沮丧而回。

另一个推销员看到当地人都赤着脚,惊喜万分:"这里的人都没有鞋穿,看来皮鞋市场大得很!"于是他留下来,想方设法向非洲人推销自己的皮鞋。后来,越来越多的非洲人穿上了皮鞋,这位推销员发了大财。

在上面的这个故事中,两位推销员面对的是相同的问题和相同的场景,但由于他们看待问题的思维方式不同,导致了推销皮鞋的成功与失败。在现实生活中,成功与失败,往往仅一念之差,而这一念之差却能导致天壤之别的结果。

思维之"思"代表思考,思维之"维"代表维度,如一维为直线、两维为平面、三维为立体等。因此,思维代表在一定维度上考虑问题。

人的思维有多种形式,如正向思维与逆向思维、发散思维与收敛思维、求同思维与求异思维、横向思维与纵向思维、抽象思维与形象思维、逻辑思维与非逻辑思维、直感思维与灵感思维等。而创新思维则是上述思维形式中,能不受常规思路的约束,创造性发现问题、创造性解决问题的思维。

人的思维是行为与态度的根本。我们的一言一行均脱离不了思维的影响,有什么样的思维就会有什么样的态度和行为。人们在学习、工作、事业、爱情、生活等方面常常会遇到很多困境和难题,它们或许会影响你的命运、决定你的成败。如何创造性地发现问题、创造性地解决问题,需要正确的思路,需要创新的思维。

思维决定行为,思路决定出路。生活工作没有思路不行,组织管理没有思路不行,企业经营没有思路不行,创造创新没有思路不行。在逆境和困境中,有思路就有出路;在顺境和坦途中,有思路才有更大的发展。

二、快乐处方

曾听过这样一则故事:

【苦与乐】

有两个妇人在聊天,其中一个问道:"你儿子还好吧?"

"别提了,真是苦命哦!"这个妇人叹息道:"他实在够可怜的,娶个媳妇懒得要命,不烧饭、不扫地、不洗衣服、不带孩子,整天就是睡觉,我儿子还要端早饭到她的床上呢!"

"那女儿呢?"

"她可就好命了。"妇人满脸笑容:"她嫁了一个不错的丈夫,不让她做家务,煮饭、洗衣、扫地、带孩子,全部都由先生一手包办,而且每天早上还端早饭到床上给她吃呢!"

同样一个问题,站在不同角度去看,往往会有不同的结论,苦与乐也就在这一念之间。妇人站在自己的角度去评定人生价值,所以她的儿子"实在够可怜的",而她的女儿"可就好命了"。如果换个角度去看,将心比心,是不是她的女婿"实在够可怜的",而她的儿媳妇"可就好命了"?

所以,我们应学会换位思维。换位思考其实就是换一种立场去看待问题,用别人的视角去看待世界。这是一种非常有益又非常实用的思维方式。

善于换位思考,有利于创造性地开展工作。例如,商家多站在消费者的角度思考,就有可能为消费者提供更细心、更周到的服务;领导多站在群众的角度思考,就会"想群众之所想,急群众之所急";公安人员多从犯罪心理的角度去思考,就更容易侦破案件……这些都是换位思考的效果。

【快乐处方】

一位年轻人拜访年长的智者,请教他如何能成为一个让别人快乐也让自己快乐的人。

智者送了年轻人四句话:

第一句话是把自己当成别人。在你痛苦忧伤的时候,把自己当成别人,你的痛苦就减轻了;当你欣喜若狂的时候,你把自己当成别人,你的心境就平和了,就不会乐极生悲了。

第二句话是把别人当作自己。这样你就能够理解别人,设身处地为别人着想,并且在别人需要的时候给予恰当的帮助。

第三句话是把别人当成别人。做人不要自以为是，不要拿自己的标准去要求别人，要学会尊重别人。懂得尊重别人的人，别人才会尊重你。

第四句话是把自己当作自己。这样就少了许多嫉妒和攀比，了解自己，善待自己，完善自己，拥有充实、有价值的人生，在实现自我价值中获得快乐。

这四句话所组成的"快乐处方"看似简单，实际蕴涵着丰富的哲理。它告诉我们，要成为一个让别人快乐也让自己快乐的人，就要学会经常换位思考，这样天地就会宽阔很多，我们的心也就宽很多、包容很多，关爱之心也就会更多一些，人生也就变得轻松许多、快乐许多，世界也就美丽许多。

换位思维人人都可以做到，它不是一种复杂的思维技巧，而是一种开拓思维的方式，更是一种人生态度。只要你愿意，你就可以做到。

三、出奇才能制胜

现实生活中，当我们遇到各种问题、矛盾、困难时，应善于学会从多个角度去思考问题，用多种方法去解决问题。既要善于用常规方法解决常规问题，也要善于用非常规方法解决常规问题，还要善于用非常规方法解决非常规问题。

【考考你——如何分牛】

从前有个村庄靠养牛为生，村庄里有个老汉，他有三个儿子和17头牛。

老汉在临死前，嘱咐三个儿子："我养的牛你们一头也不许杀，老大分1/2，老二分1/3，老三分1/9。"

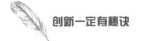

> 三个儿子想了很久,也没想出分牛的办法。
> 如果让你来分这17头牛,你该怎么分?

其实分牛的办法很简单:先向邻居借一头牛,这样牛的总数变成18头。于是,大儿子得1/2,为9头;二儿子得1/3,为6头;三儿子得1/9,为2头。再把剩下的一头牛还给邻居。一个用常规思维看似无法解决的问题,用非常规思维的方法就这样顺利解决了。

中国名酒茅台酒最初走出国门参加国际博览会时,因为包装不漂亮,没有引起人们的注意。博览会结束的日期越来越近,一位中国官员急中生智,假装不小心失手,把一瓶茅台酒打落在地。顿时酒香四溢,吸引了所有客人。结果,茅台酒获得了国际博览会的金奖,一下子闻名于世。

思路决定出路,出奇才能制胜。

四、你能想到第几步

在准备完成每项工作和计划时,多问一下自己——你能想到第几步?

成功学家拿破仑·希尔讲过这样一个故事:

> 【你能想到第几步】
>
> 爱若和布若差不多同时受雇于一家超市,开始时两人都从最底层干起。不久,爱若受到总经理青睐,从领班一再提升,直到部门经理。布若却像被人遗忘了一般,还在最底层。终于有一天布若忍无可忍,向总经理提出辞呈,并痛斥总经理狗眼看人低,辛勤工作的人不提拔,倒提升那些吹牛拍马的人。
>
> 总经理耐心地听着,他了解这个小伙子,工作肯吃苦,但似乎缺少点什么。缺什么呢?他忽然有了一个主意。

总经理说:"布若先生,你马上到集市上去,看看今天有什么卖的?"

布若很快从集市回来说,刚才集市上只有一个农民拉了一车土豆卖。

"一车大约有多少袋?多少斤?"总经理问。布若又跑去集市,回来说有10袋。

"价格是多少?"布若再次跑到集市上。

总经理望着跑得气喘吁吁的布若说:"请休息一会吧,看看爱若是怎么做的。"

说完,总经理叫来爱若,对他说:"爱若先生,你马上到集市上去,看看今天有什么卖的?"

爱若很快从集市回来了,汇报说到现在为止只有一个农民在卖土豆,有10袋,价格适中,质量很好,他带回几个让经理看。这个农民过一会儿还将卖几筐西红柿,据他看价格还公道,可以进一些货。这种价格的西红柿总经理可能会要,所以他不仅带回了几个西红柿作样品,而且把那个农民也带来了,他现在正在外面等回话呢。

总经理看了一眼脸涨得通红的布若,说:"请他进来。"

爱若正是由于比布若多想了几步,于是在工作上取得了成功。那么请问,你能想到第几步呢?

五、破除思维障碍

人与人的差距,更多体现在思维方式和思维习惯上。每个人都有习惯性思维,总是习惯于沿着原来处理问题的思维方向去思考问题,这种习惯性思维容易形成思维定势,构成创新的思维障碍。

思维定势一旦形成,是容易根深蒂固的,常常使人们对事物失去

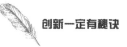

敏感性和判断力,它的约束力非常强大,以致有人称之为"心智的枷锁"。

【乞丐的思维】

上帝想改变一个乞丐的命运,就化作一个老翁来点化他。

他问乞丐:"假如我给你一千元钱,你打算怎么用它?"

乞丐回答说:"这太好了,我可以买一部手机呀!"

上帝不解,问他为什么。

乞丐回答说:"我可以同城市的各个地区联系,哪里人多我就去哪里乞讨。"

上帝很失望,又问:"假如我给你十万元钱呢?"

乞丐说:"那我可以买一部车。这样我以后再出来乞讨就方便了,再远的地方也可以迅速赶到。"

上帝很悲哀,这次他狠了狠心说:"假如我给你一千万呢?"

乞丐听罢,眼里含着亮光说:"太好了,我可以把城里最繁华的地区买下来!"

上帝十分高兴。

这时,乞丐突然补充了一句:"到那时,我可以把我领地里的其他乞丐都撵走,不让他们抢我的饭碗。"

看来,一个人的思维一旦形成定势,就连上帝也救不了他。

那么,人的思维定势有哪些?我们又该如何破除这些思维定势所形成的创新障碍呢?

常见的思维定势有很多,如善于正向思维、不善于逆向思维,善于求同思维、不善于求异思维,善于逻辑思维、不善于非逻辑思维等,此外还有唯经验定势、唯书本定势、从众定势、权威定势等。创新者要善于突破思维障碍,展开创新思维。本章将分节介绍常见的思维定势以及如何破除这些思维定势。

§2.2 颠过来想，倒过去做

一、反其道而行之

人们在分析问题和解决问题时，通常习惯于按照某种大家都认同的常情、常理、常规去想、去做，这样比较容易找到思考的切入点。但不足之处，在于这种常规思维往往带有片面性，只看到问题的一个方面，并且大家都会按常规思路去考虑问题，所以很可能会重走别人的老路，达不到创新的目的。

硬币有正反两面，我们不能只看到它的正面，而看不到它的反面。在进行创新实践活动时，调整研究问题的角度，往往能打开创新的思路。当你按某一思路去分析问题，苦思冥想却难以解决时，你不妨改变一下思路，颠过来想，倒过去做，或许会有意想不到的效果。从下面的两则故事中，你也许能悟出一些道理。

【北风和南风】

北风和南风比威力，看谁能把行人身上的大衣脱掉。

北风首先吹出一阵凛冽的狂风，想把行人身上的大衣吹脱掉。刺骨的寒风冻得行人直喊冷，为了抵御北风的侵袭，行人把身上的大衣越裹越紧。

南风则徐徐吹动暖风，顿时风和日丽、春意浓浓，行人觉得温暖如春，开始解开纽扣，继而脱掉大衣。

最终南风获得了胜利。

【敌人与朋友】

林肯做美国总统时，他对政敌的态度引起一位官员的不满。他批评林肯不应该试图跟那些人做朋友，而应该消灭他们。

"当他们变成我的朋友时,"林肯十分温和地说,"难道我不是在消灭我的敌人吗?"

善于逆向思维的人,常善于从相反的方向去考虑问题和解决问题。当遇到难题从一个方向难以攻破时,从相反方向考虑往往很有可能奏效。

逆向思维是一种行之有效的创新思维方式,它是通过思维方向、思维角度的逆反去考虑问题,即与习惯思维"反其道而行之"。运用逆向思维,有利于突破思维定势,避免单一方向思维的片面性,发现事物或现象的新特征、新关系,从而激发创新灵感,创造性地解决问题。

在政治、军事、经济和人们日常生活的各个领域,逆向思维的方法从古到今都在广泛运用。例如,三国时期蜀国丞相诸葛亮设"空城计"吓退司马懿,项羽"破釜沉舟"败章邯,韩信用兵"置死地而后生"……这些令人拍案叫绝的用兵术,都来自于逆向思维。

二、逆向思维与营销创新

我国改革开放前的计划经济时代,企业都实行"以产定销"的经营政策,即根据上级下达的计划安排生产,然后再由商业部门送到市场上去销售。随着改革开放,这种情况发生了根本性的变化,产品与市场的关系倒过来成为"以销定产",即企业必须根据市场的需求来生产。这一颠倒,宣告了计划经济时代的终结和市场经济时代的到来。

在市场营销方面,运用逆向思维,往往能产生出奇制胜的效果。下面介绍几个利用逆向思维开展营销创新的案例。

【无名电影】

在匈牙利的各大电影院曾放映过一部无名电影,该电影在放映前做的广告上作了如下说明:"本片编导虽绞尽脑汁,但直到放映该片时,仍不能为影片取个好片名,请广大观众为该片取名,一经选定,即付50万福林(匈牙利货币)奖金。"

这则为电影征名的广告大大刺激了人们的好奇心,许多人都想看看这部难以取名的影片究竟讲的是什么内容,不少冲着奖金而来的人,反复观看电影,试图为该片取名。

结果在放映期间,各大影院场场爆满,观众排队等候,创造了史无前例的票房收入。

【方便药箱】

面对激烈的买方市场,日本富士药品公司推出了一种独特的销售方法,把配有各种常用药品的药箱寄放在顾客家里,顾客可不付钱先使用,半年上门结账一次。如顾客未使用箱内药品,则不收费。这种便民利民的销售方法,赢得了众多的顾客。

市场竞争是消费者的竞争。企业要开拓市场、占领市场,首先必须争得顾客、争得消费群。匈牙利的"无名电影"、日本富士药品公司的"方便药箱",都是"反其道而行之"去吸引顾客、争夺市场的成功案例。

三、逆向思维与发明创新

运用逆向思维的发明创新案例比比皆是。例如,金属的腐蚀本来是件坏事,但有人却利用腐蚀的原理发明了蚀刻和电化学加工工艺。机械的不平衡转动,会产生剧烈的振动,有人利用它发明了夯实地基的蛤蟆夯。下面有关吸水纸的发明和低温加工技术的诞生,也都运用了逆向思维。

【吸水纸的发明】

德国造纸厂有位技师,在造纸的某道工序中忘了放浆糊,生产出的纸无法书写,笔尖一接触纸,墨水便化开来。大量的纸将要报废,他只有等待被解雇。

此时有位朋友建议能否研究一下这种纸的新用途。果然,他们利用其易渗水的缺点用来作吸水纸,效果很好。于是造纸厂申请了专门生产这种纸的专利,工厂由此大获其利,这位险遭除名的技师也因此而荣任该厂董事。

【泰坦尼克号与低温加工技术】

英国的泰坦尼克号轮船在启航不久就遇险沉没,此事让许多人深感震惊。肇事的祸根是从北冰洋漂过来的冰块使船底局部出现低温,船底的焊接部分产生低温脆性而造成的。资料表明,含碳高的软钢在-100℃左右时,其耐冲击强度接近于零,此时钢的韧度几乎完全丧失。低温脆性致使这艘"不沉之轮"惨遭灭顶之灾。

有人利用钢的这一缺点,开创了低温切削新工艺:当软钢在-100℃左右失去韧性,此时作切削加工,要比常温下容易得多。

低温加工技术还应用在其他领域。日本科学家用低温粉碎技术来加工豆类、肉类食品。他们将这些食品放在-16℃的液氨中冷冻,再投入粉碎机中粉碎,就可得到颗粒均匀的超细食品微粒,营养价值与风味不受丝毫损失,但极易为老人或体弱者消化吸收。

四、反其道而行之的途径

要射箭就先要拉弓。拉弓和射箭正好方向相反,射箭是目的,拉弓是方法。箭要向前射得远,弓就要反方向拉得大。

在创新思维过程中,逆向思维能起到"拉弓"的作用。运用逆向

思维进行创新活动时,可从以下七个方面"反其道而行之"展开创新思维:

(1)观念逆反:有些观点可以反过来想一想,从与别人相反的角度去思考问题和提出创新意见。

辩论赛都有正方和反方,他们分别站在相反的立场提出自己的观点,经常开展这种辩论有利于创新思维。

随着社会的发展、科学技术的进步,有许多旧观念、老观念会有巨大变化,如能有意识地对习以为常的观念、认识作相反的探索,必定会有新的启迪。

【水稻与草】

海南琼山新坡镇自古以种植水稻为业,祖祖辈辈终年辛劳而收入菲薄。1990年初,当地一位在广州植物园打工的农民,带回一种叫地毯草的草种,在自己的责任田里种植。镇政府发现后觉得这是一项可以推广的种植项目,便动员推广,但无人响应。

无奈,镇政府先搞十多亩地作示范,并抓紧开拓市场。由于海南正处在大发展时期,绿地用草十分需要,地毯草一上市便竞相争购,每平方米卖到3元多。

于是,农民们的观念转变了,纷纷开始种植地毯草。一年中全镇种地毯草的收入达300多万元。之后,种植面积进一步扩大。

一些老农感叹:"种了一辈子水稻,穷了一辈子,想不到种草反而发了财。"

(2)方法逆反:采用与已知的通常采用的方法所相反的方式,去寻求解决问题的创新途径。

通常桌子、物品上积了灰尘,都是用"吹"的方法将其清除。但是地面上的灰尘垃圾,如果也用"吹"法清除,势必弄得满屋子尘土飞扬。于是便诞生了吸尘器。

(3) 结构逆反:从已有事物形状结构的相反和对立关系上,去构思新的创意发明和解决问题。

传统的木工刨床是刨刀在固定的位置旋转,待加工的木料由工人用手将其推向刨刀,这种机械稍有不慎便会伤残手指。有一位木工运用逆向思维方法,改变了刨床的传统结构,设计出让木料固定不动、刨刀来回移动的新型刨床。这样在加工过程中就不再用手持木料推行,避免了工伤事故的发生。

(4) 关系逆反:通过已有事物各种关系(如因与果、主与次、动与静等)的逆转,引发新的创意设想。

在处理人与人之间的关系问题时,利用关系反演这一换位思维的方法,有利于增加人与人相互之间的沟通与了解。例如,营业员如果能站在顾客的角度多为顾客着想,就更容易做成买卖;领导如果能站在群众的立场考虑问题,便更容易把工作做好。

(5) 属性逆反:从物质属性(如形态、质地等)的反演,去寻求创新的可能。

福州市的一名中学生将普通积木改为空心的,并在其中装进适量沙子使其重心可以移动。这种空心积木可以拼、搭出普通积木所不能组成的异型图案,尤其适合各种动物形状的拼搭,表现出很强的创造性。

(6) 功能逆反:从事物现有功能的相反方面去思考和拓展。

例如,普通自行车只能向前行驶,而装有两个飞轮的自行车可进退自如。成语"扇风点火"说的是风能助燃生火。但在某种条件下风又能灭火。有一年我国大兴安岭森林大火造成巨大损失,伊春林区有位师傅从吹灭蜡烛的现象突发灵感,发明了轻便有效的风力灭火机。

(7) 顺序逆反:将事物排列、组合的顺序和发展、变化的顺序颠倒,去考虑创新的可能性。

俗话说"万丈高楼平地起",任何高楼都是从底层开始、逐层往上建。如果要变换顺序,先建顶层再往下层建造,就是"空中楼阁"的幻想,现在这种幻想已成为高层建筑施工中的一种新型施工技术,即"升板法"。其施工过程是先将大楼的承重立柱竖好,然后在地面上浇制顶楼面的楼板,固化后通过升降器将整个楼面吊升至其应有高度并与立柱连接固定。之后再在地面浇制下层的楼面,依次进行。这样做的好处很明显,每层楼板都在地面施工,不仅方便快捷,还可省去层层楼面的支托架;而且,当上层楼面固定后即可实施内部分隔装修,形成立体施工,大大加快了施工进度。

五、未来决定现在

我们每个人都希望自己能有一个美好的未来,怎样才能实现你的愿望?从下面的故事中也许你能得到一些启发。

【沙粒与珍珠】

很久很久以前,有个养蚌人,他想培育一颗世界上最大最美的珍珠。

他去大海的沙滩上挑选沙粒,并且一粒一粒地问它们想不想变成珍珠。那些被问的沙粒,一粒一粒都摇头说不愿意,养蚌人从清晨问到黄昏,得到的都是同样的答案,他几乎绝望了。

就在此时,有一粒沙子答应了,因为它一直想成为一颗珍珠。其他的沙粒都嘲笑它,说它太傻,去蚌壳里住,远离亲人朋友,见不到阳光、雨露、明月、清风,甚至还缺少空气,只能与黑暗、潮湿、寒冷、孤寂为伍,多么不值得!那粒沙子还是无怨无悔地随养蚌人而去。

斗转星移,许多年过去了,那粒沙子已长成一颗晶莹剔透、价值连城的珍珠,而曾经嘲笑它的那些伙伴们,有的依然是海滩上平凡的沙粒,有的已化为尘埃。

如果我们梦想自己成为珍珠,今天就要成为那粒选择艰辛的沙子,明天的你才可能成为一颗夺目的珍珠。不要去嫉妒珍珠,因为它选择成为珍珠时,别人都不愿意。当然,也不必过分仰慕珍珠,毕竟每个人都有自己的人生,梦想的意义正在于此。

未来决定现在是一种逆向思维,说的是我们应当站在未来的角度,规划现在的人生。你希望自己未来成为什么样的人,你现在就应该怎么去努力。这样,你的人生就有了努力的方向。

§2.3 冲破习惯——跳出思维框框

一、习惯的力量

习惯的力量是惊人的。

【牛的习惯】

一对父子住在山上,每天要赶牛车下山卖柴。山路崎岖,弯道惊险。

老父亲有经验,坐镇驾车。儿子眼神好,总是要在转弯时提醒:"爹,转弯啦!"

有一次,父亲生病了,儿子一人驾车下山。可到了弯道,牛怎么也不肯转弯。

他用尽各种方法,又推又拉,还用青草引诱,牛一动不动。儿子百思不得其解。

最后,儿子想到一个办法。他看看四下无人,便贴近牛的耳朵,大声喊道:"爹,转弯啦!"

牛应声而动。

牛用条件反射的方式活着,而人则以习惯生活。

物体具有保持原来运动状态的性质,这在物理学上被称为惯性。人的思维和行为也是具有惯性的。在日常生活中,我们每天都会经历大量的重复性活动,如起床穿衣、买菜吃饭等。这些重复性活动,使我们逐渐形成了一整套处理日常事务的习惯性思维。在遇到同样或类似问题时,往往习惯于用以往的思维方式去思考,善用以往的行为方式去处事。举个最简单的例子,我们每天起床时,总不会为先穿袜子还是先穿裤子、先刷牙还是先洗脸而大伤脑筋吧。

所以,日常生活离不开习惯性思维。按习惯去思考、去做事,会节省时间、少费脑筋。据统计,一个人一天的行为中,大约只有5%非习惯性行为,而剩下的95%的行为都是习惯性的。

习惯是一个人长期重复地做而形成的一种不自觉的行为,其最大的特点就是不由自主,一旦形成就往往难以改变。所谓"江山易改,本性难移",说的就是这个道理。

俗话说,"习惯成自然"。好的习惯将终身受益,不良的习惯则会贻害无穷。

【人头当西瓜】

古时候,有一个小伙子到理发店当学徒,跟着师傅学手艺。

开始时,师傅教他用剃刀在西瓜上练习剃头的刀功,要求以刮不破西瓜皮为标准。

除了练习技艺外,小伙子还得帮店里干些杂活儿。遇到师傅让他去办别的事情时,他便顺手把剃刀往西瓜上一插。久而久之,形成了习惯。

小伙子学成出师后,有一次给人剃头时遇到别人找他,他便习惯性地把剃刀往客人头上一插,结果客人当场身亡。

"人死于习惯"——黑格尔

好的习惯就像是银行里存放的资本,这个资本会不断增长,你毕生都可以享用它的利息。而坏的习惯则是生意场上无法偿清的债务,这种债务也会不断增长,让你举步维艰,在成功的道路上为你设置重重障碍。习惯的力量是惊人的。

世界上每天都有数亿人在使用电脑,但不知大家想过没有,电脑键盘上的字母为什么要这样不规则排列?据说这样的排列打字速度最快。其实这是一个误传,也是一个骗局。

【"QWERTY"式键盘的好处】

最初机械式打字机的键盘是按照英文字母顺序排列的。但由于当时机械工艺不够完善,使得字键在击打之后弹回的速度较慢。一旦打字员击键速度太快,就容易发生两个字键绞在一起的现象,必须用手很小心地把它们分开,从而严重影响了打字速度。

于是,美国发明家克里斯托夫·拉森·肖尔斯发明了"QWERTY"式键盘,他将最常用的几个字母的键符分开布局,这样在打字时就不会因为连续击打同一区域的键而卡死。肖尔斯在1868年申请了"QWERTY"式键盘专利,1873使用此布局的第一台商用打字机成功投放市场,"QWERTY"式键盘也因此沿袭至今。

在推销打字机的时候,为了增加卖点,肖尔斯告诉客户,他们做了大量的研究,证明这样的字母布局可以大大提高打字速度。结果所有人都相信了他的说法。

图2-1 19世纪美国雷明顿军械公司生产的雷明顿牌机械式打字机

其实,"QWERTY"式键盘的字母排列是打字效率较低的一种。它把一些较常用的字母摆在较笨拙的手指下。比如,字母"O"是英语中第三个使用频率最高的字母,但却把它放在右手的无名指下;字母"S"和"A"也是使用频率很高的字母,却被交给最笨拙的左手无名指和小指来击打。同样,使用频率较低的"V"、"J"、"U"等字母却由最灵活的食指来负责。据统计,排在键盘中列的字母,其使用频率仅占整个打字工作的30%左右。因此,为了打一个字,时常需要上上下下移动手指。另外,大多数打字员习惯使用右手,但使用"QWERTY"式键盘时左手却负担了57%的工作。

现在,机械式打字机已经淘汰,键盘字母的任何一种排列都不会产生机械故障,可是现在已经不太可能推广第二种键盘,哪怕这种键盘的字母排列真的可以大大提高打字速度,这是因为人们早已习惯"QWERTY"式键面布局。

在强大的习惯面前,科学技术有时也会变得苍白无力。在开展创新活动时,像重新设计电脑键盘字母布局这类选题应尽量避免,否则可能白白花费大量时间和精力。

二、冲破习惯性思维的牢笼

【钉子与剪刀】

一位教授向他的学生提出这样一个问题:

一个聋哑人到五金店买钉子。他左手做出钉状,右手朝着左手做锤打状。

售货员先拿来一把锤子。聋哑人摇了摇头,用右手指了指做出钉状的左手。售货员恍然大悟,于是把钉子给了聋哑人。

聋哑人刚走,又进来一位盲人顾客,他想买一把剪刀。

"那么,盲人用什么方法能最简单快捷地告知售货员呢?"教授问道。

> "他只需要伸出两个指头做剪刀状就可以了。"一个学生抢先回答,其他同学也点头表示赞同。
>
> 教授耸了耸肩:"其实,他只要开口说一声不就行了吗?"

读者朋友们,你对这个问题的第一反应是什么呢?是不是和学生们回答的一样呢?

这就是人的习惯性思维。习惯性思维是创新的第一大敌。由于思维惯性的存在,人们在遇到问题时,往往习惯性地沿用以往的经验去推断事物,用以往的方法去处理问题。一个人一旦陷入习惯性思维时,常常对问题缺乏足够的思考,凭主观感受就草率得出结论,使认识导入误区,这就是我们常说的"思维死角"。

在工作中,这种习惯性思维很常见。如我们常常拿过去的经验来指导今天的工作,而有时过去的经验往往会成为今天成功道路上的绊脚石。

空城计是《三国演义》里特别精彩的一个计谋,也是诸葛亮的一次突破习惯性思维的大胆行动,历来为人们津津乐道。当魏国都督司马懿带领15万大军兵临城下时,看到的情况使他大惑不解:城门大开,老兵们在城外不慌不忙地扫地,诸葛亮在城楼上悠闲地抚琴喝酒。司马懿受习惯性思维所引导,认为城内如果没有伏兵,一贯谨慎用兵的诸葛亮是不会如此胆大妄为的,因此毅然决定退兵。

其实当时诸葛亮身边没有一员大将,只有一班文官。所带领的五千军队,也有一半运送粮草去了,只剩下一些老弱病残的士兵在城里。诸葛亮巧妙地运用空城计化险为夷,体现了军事家的创新思维和非凡谋略。

习惯性思维是我们走熟了的一条旧路,如同读大学时从宿舍到教室、从教室到食堂、再从食堂到宿舍的"三点一线"。习惯性思维使我们忙于在旧路上走得行色匆匆,无暇抬眼观看四周的景色,更无暇抽身走入身前的那条岔道。

在美国著名的贝尔实验室里竖立着电话发明人贝尔的雕像,雕像下方写着贝尔留给后人的几行字:"你别每天都在一条路上走,有的时候你应该跳到树林里去,你会发现很多不同的、你从来没看见过的东西。"贝尔在开始研究电话时,遭到了习惯性思维者的围攻。他们认为:电线只能传递电信号,不可能传递声音。可是贝尔却用创造性思维踢开了习惯性思维的绊脚石,最终使电话得以问世。

习惯性思维容易成为创新的障碍,这是因为人们对习惯的事物失去了敏感性,反应变得迟钝,甚至熟视无睹。习惯性思维很难发现问题,当然也就谈不上解决这些问题。

习惯性思维容易成为创新的障碍,还因为思维惯性非常容易成为思维惰性,而惰性历来是创新的大敌,它容易压制不符合习惯的思想,阻止对事物的改变。事实上,习惯是可以改变的。

【右手与左手】

有一位画家,从事绘画艺术已有20多年。在一次偶然的事故中,他的右手严重受伤,无法执笔作画。痛苦之余,这位画家开始尝试用左手绘画。

经过一段时间的练习后,画家惊喜地发现,他现在用左手作画,大胆奔放,笔笔到位,墨趣横生,整个画面显得既厚拙鲜活,又率真自然。这种效果正是他用右手作画20多年苦苦探索而又觅之不得的。

由于左右手的易位,使画家打破了许多不必要的条条框框,绘画艺术突飞猛进。朋友们都开玩笑说:"你真是因祸得福啊!"

习惯的改变,可以带来意想不到的结果。要创新,就必须冲破习惯性思维的牢笼,去寻求新的思维方式,尝试用新的方法去解决问题。世界是在变化中发展的,不创新就意味着落后。一个人要不断

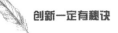

成功,就必须懂得不断地改变旧的习惯和习惯性思维模式。

三、让创新成为习惯

一个新习惯的形成只需 21 天!

行为心理学研究表明:21 天以上的重复会形成习惯,90 天的重复会形成稳定的习惯,即同一个动作重复 21 天就会变成习惯性的动作。同样道理,任何一个想法重复 21 天,或者重复验证 21 次,就会变成习惯性想法。

习惯的形成大致分三个阶段:

(1) 第一阶段:1～7 天左右。此阶段的特征是"刻意,不自然"。你需要十分刻意提醒自己改变,而你也会觉得有些不自然、不习惯。

(2) 第二阶段:7～21 天左右。此阶段的特征是"刻意,自然"。你已经觉得比较自然、比较习惯了,但是一不留意,你还会回复到从前。因此,你还需要刻意提醒自己改变。

(3) 第三阶段:21～90 天左右。此阶段的特征是"不经意,自然"。这一阶段被称为"习惯的稳定期"。一旦跨入此阶段,你已经完成了自我改造,形成了一个新的习惯。

心理学巨匠威廉·詹姆士说过:"播下一个行动,收获一种习惯;播下一种习惯,收获一种性格;播下一种性格,收获一种命运。"

如果要形成一种好的习惯,并保持这种习惯不变,那就让创新成为一种习惯吧!

§2.4 超越经验——破除唯经验定势

一、一分为二看经验

【考考你】 一张报纸折叠 50 次有多厚?

给你一张足够大的报纸,你把它从中间对折一次,然后再对折第二次,如此连续不断地对折 50 次。猜猜看,这时报纸会有多厚?

如果你从来没有想过或计算过类似的问题,那么,你很难想象这张纸折叠 50 次之后所能达到的厚度。也许你会根据日常经验估计一个厚度,比如,像你正在阅读的这本书那么厚,你坐的凳子那么高,摩天大楼那么高,甚至珠穆朗玛峰那么高(太夸张了吧,那可是地球上最高的山啊!),等等。但是你的猜想与答案还相差十万八千里呢,因为在你的生活经验中从来不可能遇到这种情况。

报纸每对折一次,纸的面积减小一半,纸的厚度便增加一倍。假如一张报纸的厚度为 0.1 毫米,稍懂数学的读者能够计算出,折叠 50 次之后,报纸厚度将增加 2 的 50 次方倍,达到 $2^{50} \times 0.1 \times 10^{-6} =$ 112 589 991(千米)。也就是说,其厚度将达到 1 亿千米以上,相当于 12 730 座珠穆朗玛峰的高度!所以,这张纸无论多么大、多么薄,你根本就不可能把它折叠 50 次。

从这道测试题中我们也许能够领悟:遇到你从未经验过的事物时,往往很难对它作出准确的判断。

经验是人们从已发生的事件中获取的有用知识,是人们对社会、工作、生活等经历的积累、概括和总结,是人们追求成功、避免失败的宝贵资源。

我们生活在一个经验的社会里。从幼儿长到成年,我们看到的、听到的、感受到的、亲身经历的各种各样的现象和事件,它们都进入我们的头脑而构成了各种各样的经验。

前人所传授下来的经验,有些极为可贵。例如,我国传统的中医中药,都是前人无数次实践经验的积累。《本草纲目》中有"砒霜,大毒"的记载,不过四个字,却是许多古人用生命换来的经验。

丰富的经验会给我们带来许多好处。例如,通常情况下老司机比新司机能更好地应对各种路况,老会计比新会计能更熟练地处理复杂的账目,老医生比新医生更能准确诊断病情,老教师比新教师更有教学经验……正因为如此,在企事业单位招聘人才时,经常会看到某岗位有"三年以上实际工作经验"之类的要求。

然而,也有些前人传授的经验反而给后人很坏的影响,例如"各人自扫门前雪,莫管他家瓦上霜"便是一例。另外,经验并不是万能

的。任何成功的经验都是相对的、在一定条件下取得的,因而往往具有某种局限性,不能把一时、一地的成功经验绝对化。《伊索寓言》里有个驴子过河的故事,或许能说明这个道理。

【驴子的经验】

一头驴子驮着盐渡河,在河边不小心滑了一跤,跌倒在水里,无法站立起来。

过了一会儿,盐慢慢溶化了,驴子觉得背上的盐越来越轻,最后竟毫不费力地站了起来。

驴子非常高兴,获得了经验。

后来有一回,驴子驮着大包的棉花渡河。

走到河边时,驴子便故意跌倒在水中,以为爬起来会像上次一样轻松许多。

可是,棉花吸收了水越来越重,驴子非但没能站起来,而且一直往下沉。最后,驴子淹死了。

驴子为何死于非命,是因为它没有正确对待经验,而是机械地套用了经验。

对于经验,应该一分为二看待。经验是可贵的,但如果凡事过分依赖经验,把经验作为一切行为的准则,习惯于用过去的经验来解决当前的问题,则容易形成固定的思维模式,陷入经验主义的黑洞,使经验成为约束人的思维和行为的条条框框。当面对新的情况、新的问题时,老的经验便有可能成为创新的大敌,成为阻碍创新的拦路虎。

二、初生牛犊不怕虎

要成为创新者,就应当不为已有的经验所束缚。人的思维受到的束缚越少,就越有利于创新。

【无工作经验者优先】

在中美大都会人寿保险公司成立的媒体见面会上,该公司的营销员招聘广告格外引人注目:"28岁以上,大学本科以上学历……无寿险业务经验者优先。"为什么他们不招有经验的人呢?

对此,美国大都会寿险公司的发言人解释说,在韩国他们也使用这种标准招营销员,这些毫无寿险经验的人经过系统培训后上岗,个人业绩是行业平均水平的6倍!拒绝"经验",成为大都会人寿保险公司在用人方面最成功的经验之一。

俗话说,"初生牛犊不怕虎"。初生的牛犊没有见过老虎,也不知道老虎的厉害,因此,它对老虎没有任何经验。当小牛犊看到老虎的时候,只把老虎看作一个普通的"侵略者",于是便本能地弓腰低头用角去撞。也许老虎会被小牛犊这种意想不到的抵抗弄得不知所措,落荒而逃。小牛犊的勇气是可嘉的,这勇气才是"真性情"的体现,这勇气才是年轻的活性和力量,创新正需要这样的勇气和胆识!

从某种意义上来看,年轻人经验少并不是一种缺点,而是敢想敢干的代名词。在成才的人中,缺少"经验",没有框框,敢想敢闯,显然是成功的重要因素。有人从成功学的角度对福布斯中国100位富豪的财富精神进行总结,结论是四个字——敢想敢干。这些财富精英个个敢想敢干,他们凭借自身的努力成为最先富起来的人。超越经验,敢想敢干,造就了创新的成功之路。

三、把梳子卖给和尚

【把梳子卖给和尚】

某公司创业之初为了选拔营销人才,给应聘者出了一道难题,要求每位应聘者必须尽可能多地把梳子卖给一个特别指定

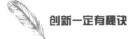

创新一定有秘诀

的人群：和尚。

几乎所有的应聘者都表示怀疑：把梳子卖给和尚？这怎么可能呢？和尚没有头发，要梳子干啥？

许多人都打了退堂鼓，只有甲、乙、丙三个人勇敢地接受了挑战。

甲先生跑了三座寺院，受到了和尚无数次的臭骂和追打，他的不屈不挠终于感动了一个小和尚，买了一把梳子。

乙先生去了一座名山古寺，由于山高风大，把前来进香的善男信女的头发都吹乱了。乙先生找到住持，说："蓬头垢面对佛是不敬的，应在每座香案前放把木梳，供善男信女梳头。"住持认为有理。那座庙共有10个香案，于是买下10把梳子。

丙先生来到一座颇负盛名、香火极旺的深山宝刹，对方丈说："凡来进香者，多有一颗虔诚之心，宝刹应有回赠，保佑平安吉祥，鼓励多行善事。我有一批梳子，您的书法超群，可刻上'积善梳'三字，然后作为赠品。"方丈听罢大喜，立刻买下1000把梳子。

更令人振奋的是，该寺庙的"积善梳"一传十，十传百，朝拜者更多，香火更旺。于是方丈再次向丙先生订货。这样，丙先生不但一次卖出1000把梳子，而且获得了长期订货合同。

把梳子卖给和尚，正如把冰卖给爱斯基摩人、把青菜卖给老虎、把鸡蛋卖给母鸡一样，推销的都是客户并不需要的产品，凭经验看这是一些不可能完成的任务。而上述事例中丙先生的成功在于超越经验。超越经验，实际上就是解放思想，勇于创新，就是打破常规，与时俱进。

超越经验，让我们走向"卓越"。

§2.5 超越书本——破除唯书本定势

一、乌鸦取水与纸上谈兵

乌鸦取水的故事,估计你不会陌生。故事说的是一只乌鸦口渴极了,到处找水喝。它发现一只长颈小瓶里有半瓶水,可是瓶口很小,乌鸦喝不到水。后来,乌鸦灵机一动想了个办法,它叼来一粒粒小石子投到瓶里。瓶里的水渐渐升高,乌鸦高兴地喝到了水。

乌鸦取水的故事被写进《伊索寓言》,传遍全球,全世界的乌鸦也都知道了。于是,引出了乌鸦取水的续集。

【新乌鸦取水】

有一次,一只小乌鸦外出旅游,它口渴了,可是四处找不到水。后来它发现了一口井,低头一看,井底有水,但井口很小,井又很深,它喝不到水。

小乌鸦想到了《伊索寓言》中乌鸦取水的故事,不禁高兴地叫了起来:"呱!呱!我怎么把书上教的办法忘了呢!"

于是,它衔来一粒粒小石子,向井里投去。谁知道投了半天,井水就是不上来。

树上的喜鹊看到了,说:"乌鸦先生,这是水井,不是长颈瓶子,怎么还用那个老办法?"

"你懂什么,呱呱!"小乌鸦说:"这个方法是经过寓言大师鉴定了的,都上了书本,到哪里都适用,怎么会老呢!"

小乌鸦继续向井里投石子,结果可想而知。

书本知识是人类知识和智慧的宝贵结晶,是实践经验的系统总结与升华,是传承人类知识和文化的重要手段,它对创新活动具有重要的指导作用。但是,任何书本知识都会受到当时生产力发展和人认识水平的限制,从而会有其一定的局限性。对书本知识照抄照搬,只能变成"本本主义"、"教条主义"。自古以来,吃"本本主义"、"教条主义"亏的人不知有多少。

【纸上谈兵】

战国时期,赵国有位名将叫赵奢,赵奢的儿子叫赵括。赵括从小熟读兵书,谈起用兵之道,能够滔滔不绝,甚至连他的父亲也对答不上来。

后来,秦国进攻赵国,两军在长平对阵数年。赵王因听信流言,撤回廉颇,任用赵括为大将。

然而,赵括只知道根据兵书用兵布局打仗,不知道灵活变通。结果,秦军偷袭赵营,截断粮道。赵军四十万人马被围歼,赵括也遭乱箭射死。

军事学院毕业的指挥员都应该读过《孙子兵法》,但这决不意味着所有军事指挥官具有同样的指挥能力。在具体的战斗中,究竟应该采用哪一条战术,是用"增灶法",还是用"减灶法"?是"穷寇勿追",还是"除恶务尽"?兵法书上能告诉我们吗?不能!

因此,对待书本知识,应该活学活用。我们一方面要接受书本知识的理论指导,另一方面又要不唯书本,防止死扣书本知识而带来的思维僵化。

即便是真理,也仍然是相对的和有条件的。书本知识与客观现实之间往往存在一定的距离,二者一般并不完全吻合。例如,几何中的"点无大小"、"线无粗细"、"面无厚薄",这些都是现想化了的点、线、面,仅仅存在于几何学中。在现实世界中,哪个点没有大小?哪条线没有粗细?哪个面没有厚薄?另外,书是人写出来的,书本上说的不可能总百分之百正确。

二、《长城砖》引发的讨论

我国某版本的小学语文教材中有篇课文《长城砖》，里面有这么一段文字："一位宇航员神采飞扬地说，'我在宇宙飞船上，从天外观察我们的星球，用肉眼辨认出两个工程：一个是荷兰的围海大堤，另一个就是中国的万里长城！'"

然而，我国首位宇航员杨利伟从太空返回地球后，在接受中央电视台主持人白岩松的采访时却否定了这一说法，他坦言在太空中看不到长城。一时间《长城砖》成为全国性的新闻热点，并引发一场爱国主义的讨论。那么，在太空到底能否看到长城呢？

从科学角度分析，正常视力的人观察物体时的最小分辨角为 1 分（$\frac{1}{60}$ 度，2.9×10^{-4} 弧度）左右。也就是说，如果远处物体对人眼的张角小于 1 分，正常人的眼睛便无法分辨。按最小分辨角计算，对于飞行高度达 300 千米以上的航天器中的宇航员来说，地面上约 90 米以上宽度的建筑才有可能映入眼帘。长城虽然绵延几万里，但平均宽度不足 10 米，并且很容易被周围的地形背景隐没，此外还有多种天气状况引起的能见度问题。因此，在太空中仅靠肉眼难以辨别长城。

如果要在 38 万千米外的月球上看清长城，就好比从 2 千米远处看一根头发丝一样，显然，在月球上凭肉眼看见长城更是不可能的。

民族骄傲不能代替科学事实，长城也不会因为在太空中看不到而变得不伟大，中国更不会因此而抹杀历史。记者向杨利伟提问时，目光中流露出的是期待。毕竟，这是中国人第一次登上太空，第一次在太空俯瞰自己的家园。杨利伟以实事求是、认真负责的科学态度做出否定的回答，也许会泼灭不少人的热情，但却用事实有力地纠正了书本上的错误。

三、有突破，才有创新

下面介绍一个向书本知识挑战取得成功的故事。

【从 25 到 1 000】

20世纪50年代初,美国某军事科研部门在研制一种高频放大管的时候,科技人员都被高频率放大能不能使用玻璃管的问题难住了,研制工作迟迟没有进展。后来发明家贝利临危受命,承担了领导研制小组的任务。鉴于以往的研制情况,上级主管部门在给贝利研制小组布置这一任务时,下达了一个让他们即使不理解也必须执行的指示:"不许查阅有关书籍。"

经过贝利研制小组的艰苦努力,终于用玻璃管研制成功一种高达1 000个计算单位的高频放大管。在完成任务以后,研制小组的科技人员都想弄明白为什么上级要下达"不许查阅有关书籍"的指示。

于是,他们查阅了有关书籍,结果大吃一惊。原来,几乎所有相关书籍中都明明白白地写着:如果采用玻璃管,高频放大的极限频率是25个计算单位。

"25"与"1 000",这个差距实在是天上地下!

贝利对此深有感触地说:"如果我们当时查了书,一定会对研制这样的高频放大管产生怀疑,甚至会失去继续研制的信心。"

荣获1979年诺贝尔物理学奖的美国物理学家温伯格曾说过一段值得大家认真思考的话:"不要安于书本上给你的答案,要去尝试下一步,尝试发现有什么与书本上不同的东西。这种素质可能比智力更重要,它往往成为最好的学生与一般学生的分水岭。"

从某种意义上来讲,与书本上的不一致才是创新。只有在读书的过程中不断地发现问题、提出问题才是进步。以下几种发明,就是对传统知识的有力突破。

【双向旋转发电机】

在物理学、电工学等教科书上都有关于发电机的介绍:发电机由转子与定子组成,定子固定不动,转子在磁场中旋转,利用电磁感应原理通过切割磁力线产生电。

有人打破书上发电机的固有模式,发明了一种"双向旋转发电机",其突出特点是:实现了转子与定子同时相对运转,致使发电机相对转速提高,单位时间内切割磁力线次数增大,输出效率大幅度提高。该产品的输出功率要比同样材料、尺寸、线径的普通发电机提高数倍,被称为是19世纪发电机诞生以来的换代产品。

【手脚并用的自行车】

谁说自行车只能用脚踩!我国一位自行车爱好者发明了一种可以手脚并用的双驱自行车。这种自行车打破了传统自行车仅靠脚踩和靠后轮驱动的思维定式,实现了双手独立加力骑行、双脚独立加力骑行、手脚共同加力骑行共三种状态,且三种状态可随意转换。与传统自行车相比,均速可提高60%,据说手脚并用时的最高时速可达100千米每小时。该自行车也是一款很好的健身器材。

类似的发明还有双向转桶洗衣机,这种洗衣机的内桶和波轮能同时反方向旋转,模拟手洗衣服的动作,能够有效提高洗衣效率和改善洗衣效果。这些产品都是对传统产品的大胆突破。

有突破,才有创新。

四、创新的读书法

读书是获取知识的便捷方法,但我们不应该成为书的奴隶,不能淹没在书本知识的海洋里浮不出水面。这就是孟轲的"尽信书不如

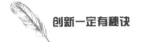

无书",我们不能"唯书本是从",形成唯书本定势。

对书本上每一句话都不敢怀疑的人,很难有创新。下面介绍的这种创新读书法,对创新思维的形成和训练很有帮助。

【创新读书法】

拿到一本书,认真读三遍,每一遍采用不同的方法和眼光,你会有很大的收获。

第一遍是"正读"。假设书中的说法完全正确,假定你十分赞同书中的观点。你一边读书,一边为书中的看法补充新的证据、新的材料和新的论证方法。

第二遍是"反读"。假定书中所有的观点都是错误的,你读此书的目的,就是找出这些错误并且设法驳倒它们。也许你一开始感到这样做很困难,那就说明你还没有真正把握书中所讲的内容,因为任何理论上的阐述都不可能天衣无缝。

第三遍是"合读"。把"正读"和"反读"的结果综合起来,在此基础上提出自己新的看法。能做到这一点,说明你能够对这本书既读"进去",又读"出来",这就达到了读书的最高境界。

五、你想成为哪一类人才

人才可分四种类型:"一"字型人才、"1"字型人才、"T"字型人才和"十"字型人才。

(1)"一"字型人才的知识面比较宽,但缺乏深入研究,难以创新;

(2)"1"字型人才在某一知识领域研究较深,但知识面太窄,难以融贯中西,进行创造性研究;

(3)"T"字型人才知识面较宽,在某一专业领域也有较深的研究,弱点是不能冒尖,也没有创新,缺乏挑战意识;

(4)"十"字型人才既有较宽的知识面,又在某一方面有较深的研究,富有挑战的勇气,敢于冒尖,善于创新。

"十"字型人才和"T"字型人才在知识与专业宽深度的掌握及研究方面相似,两者的区别在于有没有挑战的勇气和创新的欲望。在科学与真理面前,有冲击力和爆发力的人常常是创新的成功者。"十"字型人才辈出,需要良好的学术生态环境作最有力的保证,因为创新的思维和活动只有在鼓励和宽容的生态环境中才能生存,并结出硕果。

§2.6 逆势而为——破除从众定势

一、盲从大众酿苦果

先来看看下面的父子俩是如何赶集的。

【赶集】

有这样一个故事,说的是一对父子牵着一头驴去赶集。

开始时,儿子牵着驴,父亲骑在驴背上。

路人看了说:"这大人真狠心啊,自己骑驴,却让小孩走路。"

父亲听了这话,赶紧从驴背上下来,让儿子坐到驴背上去。父亲牵着驴继续往前走。

走着走着,路人又议论说:"那儿子不孝啊,自己骑驴,让老爹走路!"

儿子听了这话,赶紧从驴背上下来。父子俩一起牵着驴往前走。

走着走着,路人又议论了:"有驴不骑,傻瓜一对!"

儿子听了这话,就让父亲也骑到驴背上,继续前行。

走着走着,又听见有人说了:"怎么这么残忍呀,两个人骑在一头驴身上,迫害动物啊!"

> 父子俩骑也不是，不骑也不是，他们一合计，干脆都从驴背上下来，抬着驴往前走。
>
> 等他们气喘吁吁赶到集市的时候，已经是黄昏时分，集市已经散了。

抬驴赶集的故事虽然只是一则笑话，却深刻地反映了日常生活中习焉不察的一种现象——从众心理。

所谓从众心理，是指个人受到群体的影响而怀疑和放弃自己的观点，并采取与大多数人相一致的行为，即通常所说的"随大流"。

从众既包括思想上的从众，也包括行为上的从众。在日常生活中，每个人都有不同程度的从众心理，总是倾向于跟随大多数人的想法或做法，遇到事情时常常没有或不敢坚持自己的主见，别人怎样做，我也怎样做，别人怎样想，我也怎样想，以便时刻与群体保持一致。

从众要一分为二看待，其作用取决于在什么问题及场合上产生从众行为。例如，我们小时候就受到"个人服从集体，少数服从多数"的集体主义观念熏陶，部队里要求一切行动听指挥等，这些都是积极的从众效应，这种从众有利于群体一致的行动，有利于稳定局面的形成。然而，消极不良的从众效应在日常生活中也比比皆是。例如，过马路时一个人闯红灯，后面的人都跟着闯红灯；看到别人抢购便宜商品时，很多人也会加入排队的行列，买回一堆用不着的便宜货；装修房屋时，照搬邻居家的设计，走错房门都不知道……

有一则幽默，说的是一位石油大亨到天堂去参加会议，一进会议室发现那里已经座无虚席，没有地方落座。于是他灵机一动，喊了一声："地狱里发现石油了！"这一喊不要紧，天堂里的石油大亨们纷纷向地狱跑去。很快，天堂里就只剩下后来的那位。这时，这位大亨心想，大家都跑了过去，莫非地狱里真的发现石油了？于是，他也急匆匆地向地狱跑去。

从众现象在学生中很普遍。不知你读书时是否有过这样的经历：当你苦思冥想好不容易解出一道难题而沾沾自喜时，发现周围同学的答案与你的不一致，你开始有点怀疑自己。当你得知多数同学的答案都与你不一致时，你可能会毫不犹豫地划掉自己的答案，抄下他们的答案。可是当老师公布标准答案时，你发现自己最初的答案才是正确答案。这时你往往会抱怨，后悔为什么没有坚持自己的立场。

在大学校园里，从众现象还体现在"班级效应"和"宿舍效应"上。在教学中老师们常常发现，同一个班级或同一个宿舍的同学学习成绩都非常好，而另一个班级或另一个宿舍的同学学习成绩都不够理想。这一现象往往跟这个班级或这个宿舍的学习气氛和学习习惯密切相关。

研究发现，影响从众的最重要因素是持某种意见的人数多少，而不是这个意见本身。人多本身就有说服力，很少有人会在众口一词的情况下还坚持自己的不同意见。"群众的眼睛是雪亮的"、"出头的椽子先烂"，这些教条紧紧束缚了我们的行动。

【福尔顿的痛】

物理学家福尔顿由于研究工作的需要，测量出固体氦的热传导系数。他采用的是一种新的测量方法，测出的结果比过去大家公认的数值高出了500倍。

福尔顿感到这个测量结果差距太大了，如果公布出去，恐怕没有人会相信，还会招致怀疑和嘲笑。福尔顿想来想去，认为也许是自己的测量方法存在问题，就把结果放在一边，没有继续研究。

没过多久，美国的一位年轻科学家在实验过程中也测出和福尔顿完全相同的结果。这位科学家很快公布了他的结果，同时在此基础上推出一种新的测量热传导系数的方法，引起科学界的广泛关注。由于这位科学家的实验方法和数据真实准确，很快得

创新一定有秘诀

到科学界的认同和广泛赞誉。

福尔顿听说此事后,痛心疾首,追悔莫及。从众心理使福尔顿丢掉了原本该属于他的荣誉。

二、与众不同谋创新

显而易见,从创新的角度来说,从众心理不利于个人独立思考,容易使人丧失创新意识和判断能力,造成创新的障碍。要打破从众心理,最有效的武器是提倡"反潮流"精神。面对问题,创新者要敢于提出与众不同的观点,大家都这样想,我就不这样想;大家都这样做,我偏不这样做。这种"反潮流"意识能够有效激发人的创新灵感,促进人的创新思维。

【擦鞋匠与股票】

这是一个流传在美国纽约华尔街的故事。1929年美国的股市近乎疯狂,人人都觉得没有比股票更赚钱的东西。不管是金融大亨、经济学家、电梯工甚至擦鞋匠,都狂热地投入其中,以期获取高额回报。

当时石油大亨洛克菲勒在华尔街上遇到一个擦皮鞋的小孩,小孩边给他擦皮鞋,边向他推荐热门股票。洛克菲勒听了心中一惊,一个擦皮鞋的孩子都开始给别人推荐起股票,看来股市大限已经不远。回到公司,洛克菲勒立刻下令将所有股票清仓,一只不留。果然,两个月之后就迎来华尔街崩盘。多少人在一夜之间倾家荡产,而洛克菲勒在这场风暴中安然度过。

无独有偶,上海有位吴大妈,自从1994年下岗之后就一直在证券营业所门口卖报。多年的卖报经历让她掌握了一个规律:报纸卖得最火的时候,往往股市也就到了最后的疯狂;一旦报纸几乎无人问津时,行情也就到了最低迷的阶段。于是,吴大妈根据这一规律,在报纸不好卖时买进股票,报纸卖得最火时卖出股票。这个屡试不爽的炒股秘诀,让吴大妈多年前领到的5 000元下岗补助金增值20多倍。

洛克菲勒和吴大妈的成功在于不盲从大众。有位企业家说过:一项新事业,在十个人当中,有一两个人赞成就可以开始了;有五个人赞成时,就已经迟了一步;如果有七八个人赞成,那就太晚了。

要克服从众心理,可以在遇到问题时,从以下几个方面展开分析和思考:

多数人赞同的观点和做法,是否有不合理的因素?
少数人赞同的观点和做法,是否有其合理的方面?
如何才能做到与众不同?
有无其他途径解决问题?

§2.7 罗森塔尔效应——破除权威定势

一、罗森塔尔效应

美国心理学家罗森塔尔曾经做过一个著名的心理学实验,实验中的权威暗示效应被后人称为罗森塔尔效应。

> 【罗森塔尔效应】
>
> 美国心理学家罗森塔尔来到一所小学,从一至六年级中各随机挑选3个班,在学生中进行"预测未来发展"的测验。
>
> 罗森塔尔在学生名单上圈了几个名字,并以赞美的口吻告诉他们的老师,这几个学生智商很高,将来大有发展前途。
>
> 8个月后,罗森塔尔又来到这所学校,对这些学生进行复试。

> 结果发现名单上的学生,成绩有了显著进步,成为班上的佼佼者,教师也给了他们很好的评价。
>
> 实际上,这是心理学家进行的一次期望心理实验。罗森塔尔提供的学生名单纯粹随机抽取,并没有所谓的"预测未来发展"测验。

为什么会出现这种现象呢?罗森塔尔是著名的心理学权威,在人们心目中有很高的威望。老师们对他的话都深信不疑,接受了"权威谎言的暗示",对他指出的那几个学生产生了积极的期望。教师把这种期望表现在日常行为和态度上,而这几个学生也感受到这种期望,认为自己是最优秀的,从而提高了自信心和对自己的要求,于是学习成绩进步很快,最终他们真的成为优秀学生。

所谓权威效应,是指一个人如果是某个领域地位高、有威信、受人敬重的权威,那他所说的话及所做的事就容易引起别人的重视,并让他们相信其正确性。

权威效应在社会生活中的普遍存在,首先是由于人们有一种"安全心理",即人们总认为权威人物的思想、行为和语言往往是正确的,服从他们会使自己有一种安全感,增加不会出错的"保险系数"。同时,人们还有一种"认可心理",即总认为权威人物的要求往往和社会要求相一致,按照权威人物的要求去做,会得到各方面的认可。因此,这两种心理就诞生了权威效应。

【沈约与《文心雕龙》】

南朝的刘勰写出中国文学理论批评史上第一部有严密体系的文学理论专著《文心雕龙》,但当时无人重视。万般无奈之下,刘勰装扮成卖书人,将书稿送给当时的文坛领袖、大文学家沈约。沈约阅后对《文心雕龙》给予极高的评价。于是,《文心雕龙》后来成为中国文学评论的经典名著。

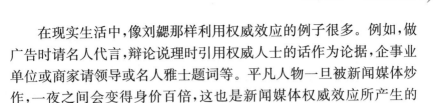

在现实生活中,像刘勰那样利用权威效应的例子很多。例如,做广告时请名人代言,辩论说理时引用权威人士的话作为论据,企事业单位或商家请领导或名人雅士题词等。平凡人物一旦被新闻媒体炒作,一夜之间会变得身价百倍,这也是新闻媒体权威效应所产生的结果。

二、权威定势是这样形成的

有人群的地方总会有权威。权威是任何时代、任何社会都实际存在的现象。我们对权威普遍怀有尊崇之情,这本来可以理解,然而这种尊崇常常演变为神化和迷信。名人用过的东西是文物,凡人用过的是废物;名人做错事写出来叫名人轶事,凡人做错事就是犯傻;名人强词夺理叫做雄辩,凡人就是狡辩;名人跟人握握手叫平易近人,凡人就是巴结别人;名人不修边幅叫有艺术家的气质,凡人就是流里流气;名人喝酒多叫豪饮,凡人就叫贪杯;名人老了称其为某老,凡人就只能叫老某……

思维中的权威定势来自后天的社会环境。人是教育的产物。来自教育的权威定势,使人们逐渐习惯以权威的是非为是非,对权威的言论不假思索地盲信盲从,其结果正如我们传统的"听话教育":在家里听父母的话,在学校听老师的话,在单位听领导的话……对弱小而无知的儿童来说,家庭、学校和社会都是不可抗拒的外在力量,这些力量构成了一个个的权威。这些权威用一系列"必须……"、"应该……"、"不能……"来教育儿童,如小时候大人经常训导孩子"必须用右手拿筷子,左手拿筷子是不懂规矩",等等。

从某种角度来说,成人教育儿童与马戏团训练动物在方法上如出一辙,都是采取两种手段:奖励其正确的行为,惩罚其错误的行为。而划分正确和错误的标准,则是由成年人或者训练员所认定。这使我想起曾听说过的一个故事。

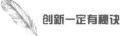

【猴子与香蕉】

　　一位试验者将五只猴子放在一个笼子中,并在笼子中间吊上一串香蕉,只要有猴子伸手拿香蕉,就用高压水枪教训所有的猴子,直到没有一只猴子敢动手。

　　试验的下一步是用一只猴子替换出笼中的一只猴子。新来的猴子不知这里的"规矩",动手去拿香蕉。结果令人惊奇!这竟触怒了原来笼中的四只猴子。这四只猴子代替了人执行惩罚的任务,把新来的猴子暴打一顿,直到它服从这里的规矩为止。

　　试验人员不断将最初经历过高压水枪惩戒的猴子换出去,最终笼中的猴子全是新的,但再没有一只猴子敢去碰香蕉。

　　猴子天性爱吃香蕉,可是偶然出现一个"不许拿香蕉"的权威思维定势之后,这一违背猴子天性的思维定势,居然自我强化为第二天性,真是咄咄怪事!

　　最初,猴子不让群体中任何一只猴子去拿香蕉是可以理解的,为的是免受"连带的"惩罚。但后来一切物是人非,"人"和"高压水枪"都不再介入,新猴子却还固守着"不许拿香蕉"的思维定势不变。权威定势就是这样形成的。多么可怜的猴子,多么可怕的权威思维定势!

三、一分为二看权威

　　任何事物都具有两面性,权威效应有益处的同时也有害处。权威效应在日常思维中具有某种积极意义,它为我们节省了有限的时间和精力。例如,我们不必再从头研究几何学,只需学一学欧几里德的几何理论就可以;我们不必亲自去"看云识天气",只需听一听中央气象台的天气预报就行了……所有这些都是简便而有效的方法。

　　但从另一方面看,权威效应的存在,往往容易封闭人的大脑,抑制创新思维。因为有权威在,凡事只要听权威的就行了。权威效应

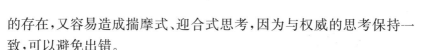

的存在，又容易造成揣摩式、迎合式思考，因为与权威的思考保持一致，可以避免出错。

权威效应的出现，还很容易产生"权威扩大化"的现象。所谓"权威扩大化"，是指把个别专业领域的权威，不恰当地扩展到社会生活的其他领域。这种扩大化加剧了人们思维过程的权威定势。

例如，一位科技领域的专家在某尖端技术的研究中做出较大贡献，于是，马上有人请他参政议政，请他担任行政领导，请他谈儿童教育问题，请他当大学生辩论赛的裁判，请他评论某本畅销小说……于是，他成了"明星"，成了无所不知、无所不能的万事通，成了一切领域的权威，他似乎什么都懂——别人这样认为，他自己也逐渐有了这样的感觉。

对于权威首先应该敬重。敬重专家、权威说明敬重知识、敬重能力，这本是好事。但我们无论做什么事都要有个限度，过了限度，好事就可能变成坏事。对权威的敬重过了限度，到了盲目的地步，就不是明智而是愚蠢了。专家权威可以专一项名一时，却不会样样精、时时明。即便是在他们所精通的领域里，也难免出错。

古今中外历史上的创新，常常是从推翻权威开始的。敢于向权威提出挑战，这本身就是一种创新行为。例如，亚里士多德曾认为，自由下落的物体，重量越大则下落速度越快，重量越轻则下落速度越慢。伽利略不相信亚里士多德的权威，他设计了一个巧妙的逻辑推论，便推翻了流传多年的亚里士多德的结论。

对于专家权威，我们应持的态度是不被他们头上的光环所迷惑，像看待常人那样清醒、客观、现实地看待他们。盲目迷信权威，容易丧失独立的思考和正确的判断。

英国皇家学会的会徽上刻着一句格言："不要迷信权威，人云亦云。"我国著名画家齐白石也曾说过："学我者生，似我者死。"我们应当学习权威的长处，虚心听取他们的意见，但不可一味迷信权威，不敢超越权威。如果只知道跟在他们后面亦步亦趋，那就谈不上创新了。

创新思考题

2.1 什么是创新思维？联系自己曾经有过的创新思维体验，谈谈你的看法。

2.2 你是不是一个善于换位思维的人？你认为遇到哪些问题时要多进行换位思维？

2.3 日常生活中如何应用逆向思维开展创新活动？"反其道而行之"的途径有哪些？

2.4 影响创新活动的常见思维障碍有哪些？

2.5 你有哪些不利于创新的不良思维习惯？你打算如何重塑自己的思维习惯？

2.6 你认为该如何正确对待书本知识？读书学习时应注意哪些问题？

2.7 举例说明生活中常见的从众现象和从众心理，指出其利弊。

2.8 从罗森塔尔效应中你能获得哪些启发？

2.9 阅读下列案例，从创新的角度谈谈你获得的启发。

【来自海尔的人才策略】

海尔的人力资源开发思路是"人人是人才"、"赛马不相马"。在具体实施时海尔给员工制定了多种职业生涯设计，每一种都有一个升迁的方向，只要符合升迁条件，即可进入后备人才库，参加下一轮竞争，跟随而至的就是相应的个性化培训。

"海豚式升迁"是海尔人力资源开发的一大特色。海豚是海洋中最聪明、最有智慧的动物，它下潜得越深，则跳得越高。如果一个员工进厂以后工作比较好，他从班组长一步步干到分厂厂长，如果现在让他干一个事业部的部长，那么他对市场系统的经验可能就非常缺乏，就需要到市场部去。到市场部之后他必须从事最基层的工作,然后从这个最基层岗位再一步步干上来。如果能干上来,就上岗;如果干不上来,则就地免职。有的经理已经到达很高的职位,但如果缺乏某方面的经验,也要派他下去;有的各方面经验都有了,但处事综合协调能力较低,也要派他到这些部门来锻炼。这样对一个干部来说,压力可能比较大,但这也培养和锻炼了干部。

"届满要轮流"是海尔培训技能人才的一大措施。一个人长久地干一项工作,久而久之会形成固化的思维方式及知识结构,这对海尔这样的以"创新"为核心的企业来说是难以想象的。目前海尔已制定明确的制度,规定了每个岗位最长的工作年限。

第 3 章
创新方法
——创新一定有办法

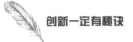

曾经看到过这样一道智力题：

2元钱能买到一瓶可乐，两个空可乐瓶能换到一瓶可乐。如果你手里有6元钱，你最多能喝到几瓶可乐？

一般的答案是：先买3瓶可乐，喝完后拿其中的两个空瓶去换一瓶可乐，最后用手里的两个空瓶再换1瓶可乐，所以最多能喝到5瓶可乐。

可你想过没有，最后你手里还有一个空瓶。如果你找边上的人（或问换瓶的地方）借一个空瓶再去换一瓶可乐，喝完了再把瓶子还掉，你不是又多喝1瓶可乐了吗？

创新需要突破，而要突破常常有"法"可依。这里所说的"法"，是指创造技法和创新方法。创造技法和创新方法是人们在创新实践过程中总结出来的、开展创新活动普遍适用的方法，这些方法为创新活动的开展提供了创新思路和切实可行的实施途径。

到目前为止，国内外已总结出的创造技法和创新方法不下几百种。本章将重点介绍几种较为常用的，同时又具有较强可操作性的创造技法和创新方法，具体包括焦点联想法、特性列举法、信息交合法、检核表法、还原法，以及国内正在推广的TRIZ发明问题解决理论等。

巴甫洛夫曾经指出："科学的跃进往往取决于研究方法上的成就。"创造技法和创新方法是开启创新大门的钥匙，它为创新活动提供了方法上的指导。学习和掌握这些方法，不仅能提高创新效率，而且有利于克服创新障碍，开拓创新思路，开发创新能力，拓展创新空间。

本章所介绍的方法适用于多种类型的创新活动，不仅可用于产品的设计、开发、改进，也适用于设想、计划、方案、策划等的创意，同样适用于企业营销与管理、科学研究、军事指挥、艺术创作和人们的工作、生活、学习等各个领域。此外,这些创新方法一般都有较明确的实施步骤,可操作性较强,即使原先不会的人,经过简单的学习和训练,都能掌握其基本要领,并能在实践中加以应用。

值得说明的是,在学习、运用创造技法和创新方法时,应做到活学活用,切忌生搬硬套。另外,有了好的设想和方案,应努力通过各种途径加以实施,才能体现出其创新价值。再好的设想,如果束之高阁,只能成为无用的空想。

创新一定有办法,方法总比问题多。愿本章所介绍的方法,能帮助大家进一步打开创新的思路,提高创新活动的成效。

§3.1　焦点联想法

一、什么是焦点联想法

焦点联想法简称焦点法,是一种通过强制联想实施创新的方法。它以被研究对象作为焦点,通过列举与焦点表面上看起来毫无关系的事物,并从多角度、多方面将这些事物与焦点进行强制联想,以聚焦的方式将事物的各种属性和特征运用或嫁接到被研究对象上,从而产生针对焦点的种种创新设想。

焦点联想法采用的是先发散(列举)、后集中(聚焦)的思维方法。这种方法除有效用于创新实践外,对训练人的联想思维能力也很有帮助。

二、焦点联想法的实施步骤

焦点联想法的实施步骤如下:

(1) 确定焦点:所谓焦点,就是我们所研究的对象,如某种产品、工艺、技术等。

(2) 列举联想物:尽可能列举周围存在的与焦点表面看起来毫无关联的事物。

(3) 强制联想:强制将焦点与联想物进行联想,产生创新设想。这种强制联想,可以是联想物与焦点的直接组合,也可以是联想物的属性、功能、特征等因素与焦点的有机结合。

（4）综合评价：对强制联想所产生的各种创新方案进行综合评价和筛选，得出可供实施的最佳方案。

三、焦点联想法的注意事项

实践表明，在运用焦点联想法时，列举的事物与焦点表面关系越疏远，就越有创新的可能。

运用焦点联想法时需要我们有丰富的想象力，尤其是要克服种种心理上的障碍。只有突破习惯性思维的障碍，才有可能获得较大的创新成果。

四、焦点联想法的应用

我们以"新型椅子的开发"和"新型服装的研制"为例，说明如何应用焦点法提出创新设想。

例3-1 新型椅子的开发

◆ 创新目标 开发各种新型的椅子（或凳子），要求具有不同功能，适用于不同场合。

◆ 焦点 椅子（或凳子）。

◆ 联想物 电水壶、弹簧秤、气球、音响等（读者可自由添加其他与焦点表面上看起来无关的事物）。

◆ 联想结果 参见表3-1。

表3-1 焦点法开发新型椅子

联想物	属性、功能及特征	联想结果	功能及说明
电水壶	电加热	电热椅	具有电热功能，冬季使用较为暖和
	盛水	水椅	用橡皮、塑料制成，灌水后柔软，具按摩作用，夏季使用特别凉爽

(续表)

联想物	属性、功能及特征	联想结果	功能及说明
弹簧秤	测量	具有测量功能的椅子	坐上去即能显示体重、血压、心跳等,适用于医院及家庭保健检查
	能伸能缩	高度可调的椅子	四脚高度可调,适用于不同身高的人及不同的地面情况
气球	充气	充气凳子	携带方便,用时充气,适合于外出旅游、乘车等
组合音响	可分可合	可分可合椅	每把椅子既可单独使用,又可相互间用钩联成一体,适用于电影院(情人坐)、会场、家庭(简易床)等
	收音	带收音机的椅子	手把内嵌收音机,供休闲用
	电动,可调谐	电动椅	可电动调谐角度、高度,适用于汽车、飞机、家庭中使用

例 3-2 新型服装的研制

◆ **创新目标** 开发各种新型服装,要求具有不同功能,适合于不同场合使用。

◆ **焦点** 服装。

◆ **联想物** 空调、气球、彩电、油漆、电筒、不粘锅、面包、牛奶、安眠药、84 消毒液、商品条形码等,参见图 3-1(读者可自由添加其他与焦点表面上看起来无关的事物)。

◆ **联想结果** 上述联想对象与作为焦点的服装从表面上看似乎没有任何联系。但经过强制

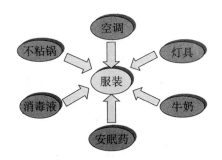

图 3-1 焦点法开发新型服装联想示意

联想,可产生大量创新设想,参见表3-2。

表3-2 焦点法开发新型服装

联想对象	属性、功能及特征	联想结果	功能及说明
空调	调温	温控衣	能自动调节温度以适应不同季节、气候的变化,减少穿衣数量
彩电	多频道、色彩、图像	变色衣	能随光照自动改变色彩及图案花样
太阳能热水器	太阳能、吸热、放热	储能衣	能吸收太阳能并将它转变为电能储存,供随身电器(如手机、MP3等)使用
快餐盒	一次性、卫生	一次性内衣、内裤	免洗,既卫生又价廉,适合出差使用
灯具	发光	发光衣	夜间发光,安全,防交通事故
不粘锅	不粘、厨具	不粘衣	不粘灰尘及油污的免洗衣服,抖一下灰尘就能去掉
油漆	喷或刷,色彩	薄膜衣	象油漆一样往身上喷刷后即时成型的服装,日本已经发明类似丝袜
面包	食品	可吃的衣服	用于登山、探险、侦察等人员,在缺乏食物的情况下可以用来充饥
牛奶	营养、保健	营养内衣	衣内含有营养成分,能自动被人体吸收
安眠药	催眠	催眠衣	具有催眠作用,穿了即能睡着
气球	充气、轻	充气衣	胖人穿了走路身轻如燕,有弹性防止摔跤受伤,还可充当救生衣
消毒液	杀菌	抗菌衣	能杀死有害细菌、防止细菌感染

例如,彩电具有多频道、色彩和图像不断变化等属性,将服装与彩电强制联想,将彩电的属性嫁接到服装上,可发明一种变色衣,这种服装的面料具有"变色龙"的效果,能随体温和光照的改变而变换颜色和图案。

◆ 创新实例

【变色面料】

世界著名的 XS 设计工作室研制出一种会变色、变图样的鲜活面料。这种纺织品是一种编织而成的软性屏幕,它在纺织、刺绣、贴花等传统纺织方法中,融入传导纤维、热致变色素等新型材料,使得布料可以随着温度改变而变化颜色,从一种图案转变成另外一种图案,能够在风格迥异的设计之间随意切换。这种面料在-25℃和66℃之间的任意温度,都可以实现变色。这种类似电脑屏幕的神奇布料,将在时尚界掀起热潮。

§3.2 特性列举法

一、什么是特性列举法

特性又称特有属性,是指某类对象都具有而别的对象都不具有的属性。特性列举法是通过详尽列举研究对象的各种特性,并对这些特性逐项加以分析,探讨能否改进以及怎样改进的创新方法。

特性列举法特别适合于对已有产品、工艺等的改进型开发和研究,它由美国内布拉斯加大学罗伯特·克劳福德于1931年创立。克劳福特认为,每个事物都从另外的事物中产生发展而来。平常的创新都是对旧物改造的结果,所改造的主要方面是事物的特性。

特性列举法依据以下两条基本原理:

(1) 世界上任何事物都有构成其自身并体现其存在价值的各种

特性。事物间的差异,可以通过其特性的不同来区分。

(2) 对事物进行改造的过程,必定是对该事物某些特性的继承和另一些特性的改变。

基于上述原理,只要我们尽可能列举出事物的特性,然后针对这些特性逐项分析,考虑改进或替代的可能性,就有可能形成许多创新的方案。

二、特性的分类

特性列举法的关键是抓住事物的特性。事物的特性可按以下方式进行分类:

1. 名词类、形容词类和动词类特性

将事物的特性可分为名词类特性、形容词类特性和动词类特性三种类型。

(1) 名词类特性:名词类特性是指可用名词表示的事物的特性。常见的名词类特性有结构(研究对象的各个组成部分或基本单元)、材料(研究对象各部分所用的材料)、制造方法(制造该产品或元件所采用的方法)等。

(2) 形容词类特性:形容词类特性是指可用形容词表示的事物的特性。常见的形容词类特性有形状、颜色、重量、感觉等。

(3) 动词类特性:动词类特性是指可用动词表示的事物的特性。常见的动词类特性有使事物具有存在意义的功能、作用(用来干什么)等。

例如,选取"手电筒"为发明对象,就可列出手电筒的以下三种特性:

(1) 名词类特性:结构——电源(干电池或镍镉电池),光源(电珠和反光镜),开关(移动式或揿入式);材料——金属(铝合金、铜)或塑料;

(2) 形容词类特性:外形——圆筒形(或矩形、不规则形);

(3) 动词类特性:功能——照明、信号等。

2. 其他形式的特性分类

实际操作中,也可根据研究对象的特点从不同角度对事物的特性进行分类。例如,将产品的特性分为以下几种:

(1) 物理特性:如软、硬、导电性、轻、重等;
(2) 化学特性:如怕光、易氧化生锈、耐酸碱等;
(3) 结构特性:如固定结构、可变可拆结构、混合结构等;
(4) 功能特性:如能吃、可玩、还可当礼品等;
(5) 形态特性:固体、液体、气体、等离子体;
(6) 用途特性:事物可以用于哪些方面;
(7) 用户特性:适合哪些人使用,有何特征等;
(8) 经济特性:其生产成本、销售价格、使用成本等;
(9) 其他特性:如其色、香、味、形方面的特性等。

三、特性列举法的实施步骤

特性列举法的实施可分为以下四步:

(1) 对象剖析:首先进行系统分析,即将研究对象分解为若干个子系统,直至成为基本单元的组合为止。例如,将一台机器分解成一个个零部件。

(2) 特性列举:按名词类特性、形容词类特性、动词类特性(或按其他特性)分类,逐项列出各子系统(单元)的各种特性。

(3) 设想开发:针对事物的各种特性逐一进行分析,用可替代因素加以置换,改进或改变事物原有的特性,产生创新方案。

(4) 综合评价:各种方案提出后,要从整体角度加以综合考虑以获得最佳方案,使之符合实际需求。

使用特性列举法时,应注意将事物的各种特性罗列齐全,防止遗漏。对事物的特性分析得越详细越好,以提高该方法的使用效果。另外,当选题较大时,可将其分解成若干个子课题,分别运用特性列举法进行分析。

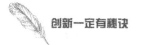

四、特性列举法的应用

例 3-3　名片的创新设计

名片是现代信息社会中用于社交场合必不可少的个人信息传播媒介。高雅而富有创意的名片,往往会给人留下深刻的第一印象,为今后进一步交往打下基础。下面运用特性列举法来设计几款新颖的名片。

◆ *名片的名词类特性分析*

(1) **材料**:目前多数名片都用纸作为制作材料,若将制作名片的材料作些改变,例如用塑料片、金属片、木片、陶瓷片、镀金片等取代纸片,便可产生多种新颖的高档名片。这种名片既能显示使用者的身份,又具有较高的收藏价值。

(2) **印制内容**:从名片的印制内容(单位、姓名、职务、通讯地址、电话等)上看,能否做到图文并茂,增加艺术性和可观赏性。例如可在名片上印有主人的照片、剪影或漫画像,还可印上自己信奉的名言、警句等。

◆ *名片的形容词类特性分析*

(1) **形状**:目前所见的名片基本都是长宽比为 5∶3 左右的长方形,可否改成"宽银幕"形、椭圆形、菱形、心形等其他形状,或采用各种形状的切边以美化名片。例如,教师的名片可采用书签形状,花店老板可将名片做成树叶形或花瓣形等。

(2) **颜色**:现有的多数名片为白底黑字,若改变字的颜色,或用彩色花纹纸作底色,可令名片丰富多彩,让人爱不释手。

◆ *名片的动词类特性分析*

名片的功能可以用来传递多种个人信息:

用于推销自己(如找工作用)的名片,可印上个人简历及爱好;

做生意的人可在名片上加印经营范围、产品广告;

公务员的名片可印上其工作的职责范围,便于开展工作;

导游可在名片背面印上导游图,以增加名片的实用性;

新郎、新娘结婚时,可制作一张"鸳鸯名片",将夫妇有关信息合印在一张名片上;

商业用的名片还可以以"会员卡"形式发放,持名片消费可享受一定的优惠(折扣)。

◆ 创新实例

【花生名片】

当你与他人初次见面时,彼此交换名片已司空见惯。若名片太过普通,反而无法令人留下深刻印象,不如请对方"剥花生"吧!

日本 Arigatou 公司最新发明推出一款称为"TaberuMe"的"可食下肚"的名片,花生、豆子等都可以做成名片。

花生名片利用二氧化碳激光雕刻技术,在凹凸不平的表面上清楚地刻有公司标志、姓名、地址、电话等信息。豆子、米粒等可以做成形形色色的心意卡,上面刻有"感谢"、"爱你"等讯息。据说每刻150粒豆子或米粒收费5 800日元,要比一般名片稍贵。这样的名片令人印象深刻,并且环保。当然,如果对方对你印象不佳,转身后马上被吃掉也会极有可能!

图3-2　花生名片

§3.3 信息交合法

一、什么是信息交合法

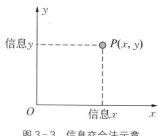

图3-3 信息交合法示意

在如图3-3所示的平面直角坐标系中,任意一对坐标(x,y)可确定平面上的一点$P(x,y)$。如果x,y分别代表两个不同的信息,那么,$P(x,y)$就是这两个信息的交合点。这样,我们便借助坐标系把两个信息联系起来。

信息交合法就是采用类似的方法将与研究问题有关的信息分成若干类,每一类建立一根坐标轴,然后通过不同坐标轴上信息点之间的交合将不同的信息联系起来,通过信息间的组合联想来寻求创新之路。

利用信息交合法实施创新的依据,是因为不同信息的交合可以产生新的信息,不同联系的交合可以产生新的联系,新信息、新联系是在相互作用中产生的。

例如,轮子与喇叭是两个不同的信息,但交合在一起组成了汽车:轮子可行走,喇叭则发出声音表示"警告"。又如,独轮自行车本来与盒、碗、勺没有必然联系,但杂技演员将它们交合在一起,就构成了精彩的杂技节目。

信息交合法也是训练创新思维的一种实用方法,它能帮助我们突破旧的思维障碍,充分利用各种信息进行排列组合,使人们的思维从无序状态进入有序状态,开展积极有效、全面细致的创新思考,寻找事物间的潜在联系,从中引发创新灵感。

二、信息交合法的实施步骤

实施信息交合法时,可按以下三个步骤进行:
(1)信息分解:采取"解剖麻雀"的方法,把研究对象及其相关信息加以分解,得出信息要素(信息点)并按序列归类。

(2)信息交合:将每一类信息建立一根坐标轴(横轴、纵轴、斜轴等),并在坐标轴上标注信息点。以一根坐标轴上的信息为母本,另一根坐标轴上的信息为父本,将母本信息与父本信息逐一交合,产生新的信息即"子"信息。"子"信息还可与其他坐标轴上的信息交合,产生"孙"信息。

(3)信息筛选:从交合产生的新信息中选取有价值的设想。

三、信息交合法的应用

下面通过几个例子说明信息交合法的应用。

例 3-4　便携式电子产品的功能开发

应用信息交合法,对手机、数码相机、手提电脑等便携式电子产品进行功能开发。

◆ 创新目标　手机、数码相机、手提电脑等便携式电子产品的功能开发。

◆ 信息分解　如图 3-4 建立两维信息坐标,其中横坐标信息点为手机、数码相机、手提电脑等,纵坐标信息点选择为电视机、汽车、人体等。

	手机	数码相机	手提电脑
电视机	•手机充当遥控器,用于选择电视频道	△能连接电视机的数码相机,用于观看照片、监控	△能连接电视机的电脑
汽车	•手机充当遥控器,用来开关车门、控制汽车启动	△车载相机,用于驾驶途中摄影、监视	△车载电脑,旅途中使用
人体	•能测量心跳、体温、血压的手机　△指纹识别手机	△红外数码相机,用于夜间摄影	•能测量人体健康参数,显示心电图的电脑　△指纹识别电脑

图 3-4　便携式电子产品功能开发

◆ 信息交合　纵、横坐标上的信息点两两交合，分别将联想结果写在相应的方格内。

◆ 信息筛选　图3-3中标记"△"的为已有产品或有待推广的产品，标记"·"的为较有创意的、有待开发的产品。

◆ 创新实例

【能测心电图的笔记本】

微星公司（MSI）最近成功开发了一款称为"HATO"（Heartbeat Audition Transceiver On-the-go）的笔记本电脑。该款笔记本具有测量心电图的功能，能够帮助心脏状况不佳的用户随时把握自己的健康状况，并可将记录下来的信息打印或利用 SD 存储卡储存以便医生判读分析。该电脑还可通过 Wi-Fi 无线网络向医院传送数据，从而实现对用户身体状况的在线实时监控和诊断。

例3-5　大爷水饺 PK 大娘水饺

1996年始创于江苏常州的"大娘水饺"，为具有近两千年传统文化的水饺注入时尚元素和标准化管理，引领了中式快餐的新潮流。"大娘水饺"至今已在南京、上海、北京等100多个城市开设了300多家连锁店，每年消费者超过5 000万人次，成为中式快餐的成功典范。

如果你想开一家水饺店，没有特色与创新，是难以与"大娘水饺"竞争的。下面我们运用信息交合法对水饺食品进行系列开发，重点是丰富水饺品种。

◆ 创新目标　水饺品种的开发。

◆ 信息分解　将水饺馅的原料分解为荤菜类、蔬菜类、辅料类等，根据菜市场能采购到的原料，分别列出每一类包含的具体内容（即信息点）。

（1）荤菜类（肉禽蛋）：猪肉、牛肉、羊肉、鸡肉、鸭肉、驴肉；鱼肉、虾肉、鳝肉、螃蟹肉、螺蛳肉；鸡蛋、皮蛋、鸽子蛋等；

(2) 蔬菜类：青菜、白菜、韭菜、芹菜、萝卜、洋葱、香菜、榨菜、辣椒、野菜等；

(3) 辅料类：香菇、芝麻、黑木耳、豆腐干、松仁、核桃肉、花生仁等。

◆ 信息交合　按荤菜类、蔬菜类、辅料类分别建立坐标轴，如图3-5所示。

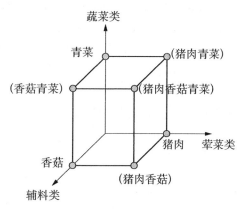

图3-5　信息交合法开发水饺品种示意图

除了纯荤菜类（如纯猪肉、纯牛肉）水饺和纯蔬菜类水饺外，将荤菜类、蔬菜类、辅料类坐标轴上的信息点逐一交合，产生可能的水饺品种。

(1) 将荤菜类坐标轴与蔬菜类坐标轴上的各个信息点相交合，可得荤素搭配的系列水饺。

例如，将荤菜类中的猪肉与蔬菜类坐标轴上的各种蔬菜一一结合，可得猪肉青菜馅、猪肉白菜馅、猪肉韭菜馅、猪肉芹菜馅、猪肉萝卜馅、猪肉洋葱馅、猪肉香菜馅等系列水饺产品；

将荤菜类中的牛肉与蔬菜类坐标轴上的各种蔬菜一一结合，又可得牛肉青菜饺、牛肉白菜饺、牛肉韭菜饺、牛肉芹菜饺等系列水饺产品。依此类推。

(2) 将蔬菜类坐标轴与辅料类坐标轴上的各个信息点相交合，可得纯素菜系列水饺。

例如,将辅料类中的香菇与蔬菜类中各种蔬菜搭配,可得青菜香菇馅、白菜香菇馅、韭菜香菇馅、芹菜香菇馅、萝卜香菇馅、洋葱香菇馅等系列水饺产品。

(3) 将肉类坐标轴、蔬菜类坐标轴与辅料类坐标轴再交合,又可得更多新品种。

例如,将荤菜类中的猪肉与上述纯素菜系列水饺馅结合,便有猪肉青菜香菇馅、猪肉白菜香菇馅、猪肉韭菜香菇馅、猪肉芹菜香菇馅、猪肉萝卜香菇馅、猪肉洋葱香菇馅等系列水饺产品。

◆ 信息筛选　不难看出,应用信息交合法能开发出成百上千种水饺产品。通过精选、试制、试销,便可向市场推出多种系列水饺。

◆ 拓展开发　对水饺皮也可以进行创新,例如精选各种蔬菜磨入面粉,制成五颜六色的水饺皮,这样既增加了水饺的营养,又改革了传统水饺的外观,让人垂涎三尺!

§3.4　检核表法

检核表法是一种基于检核表进行创新的方法。它利用检核表中列出的一系列提纲式的问题,对研究对象逐一加以检查核对,从中挖掘出许多解决问题的新设想、新方案。检核表法的实施步骤明确、问题分解细致,有利于开拓创新思路、引发创新设想,适用于多种类型的创新活动。

德国物理学家海森堡说过:"提出正确的问题,往往等于解决了问题的一半。"提出问题是创新的前提。检核表法的应用,有利于帮助那些不善于提出问题、不知道如何提出问题的人开拓思路,产生创新设想和解决问题的方案。

检核表法之所以有如此大的作用,是基于以下原因:

(1) 检核思考是一种强制性思考,有利于突破不愿提问、不知如何提问的障碍。运用检核表顺藤摸瓜似地提出问题,要比随机性的提问更有效。

(2) 检核思考是一种发散性思考,检核表的每一项都为我们提供了一条解题的思路。运用检核表法,有利于帮助人们克服发散性思维的障碍。

常用的检核表法有奥斯本检核表法、十二动词法、七步法等。本节重点介绍在创新实践中较为实用的十二动词法和专题检核表法。学习和应用检核表法时,关键是要树立问题意识,学会拿起问题这一武器,培养和提高发现问题、解决问题的能力。

一、常用检核表法一:十二动词法

1. 什么是十二动词法

十二动词法是我国创造学工作者在进行创造力开发的成功实践中总结提炼出来的创新方法,它根据十二个动词所提供的方向去提出问题、展开创新思维。这十二个动词是加、减、扩、缩、变、改、联、学、代、搬、反、定(参见表3-3),其中每一个动词代表一种打开创新思路的思维方向。

表3-3 十二动词检核表

序号	动词	内容	简要说明	序号	动词	内容	简要说明
1	加	加一加	增加、组合	7	联	联一联	联结、插入
2	减	减一减	减少、分割	8	学	学一学	学来、移植
3	扩	扩一扩	扩展、放大	9	代	代一代	替代、取代
4	缩	缩一缩	缩小、浓缩	10	搬	搬一搬	搬去、推广
5	变	变一变	变革、重组	11	反	反一反	颠倒、反转
6	改	改一改	改进、完善	12	定	定一定	界定、限制

十二动词法思路清晰,容易记忆,已成为我国企事业单位中普及推广应用最快的一种创新方法。

2. 十二动词法的实施步骤

(1)确定对象:确定使用检核表法的研究对象,了解检核对象的特点、现状、性能及市场反应等信息。

(2) 检核提问：按十二个动词所提供的方向逐一检核提出问题，展开思维，产生设想。

(3) 设想开发：综合各种设想，抓住主要问题，提出解题方案。

3. 十二动词法的应用

下面针对十二个动词，逐一举例加以说明：

(1) 加一加：能否在现有事物上增加点东西？能否把该事物与别的事物叠加在一起？

我国神话传说中的千手观音和二郎神就应用了加法。相传千手观音有一千只手，而二郎神有三只眼睛，元素的增加，塑造了这两位神仙与众不同的特征。

(2) 减一减：现有事物能否减去或省略些什么？

与千手观音和二郎神相反，古希腊的维纳斯雕像双臂是断的，正是由于这一完美的减法，使她的形象更增添了神圣感、庄严感和美感。

(3) 扩一扩：现有事物能否在功能、结构、尺寸等方面加以扩展或放大？

日本的"可果美"和"森永"两家公司都是专门生产番茄酱的公司，在激烈的市场竞争中，"森永"尽管作了许多广告，销售量却始终无法与"可果美"相比。"森永"的一位推销员深入顾客调查研究，发现其原因在于"森永"的瓶口太小，食用不方便。于是他建议公司将番茄酱的瓶口开大，大到汤勺可以伸进去舀出。这一招果然产生奇效，很快"森永"的销售量超过了"可果美"。

(4) 缩一缩：能否将现有事物缩小、压缩或浓缩？

移动硬盘越小越方便携带,销路就越好;大米改成小包装反而卖得快。

(5) 变一变:能否改变现有事物的属性、方式、程序、策略?

高速公路路面灰色单调,长期在这种路面上开车,容易麻痹神经、引起车祸。美国人试验将不同路况的公路漆上不同颜色以便引起驾驶员注意,结果交通事故大为减少。

(6) 改一改:现有事物是否存在需改进之处?

国内市场最近出现一种节水坐便器,这种坐便器与普通坐便器的结构一样,不同的是它的水箱不是安装在坐便器的上方,而是安装在卫生间洗脸池的下方,并与洗脸池的排水管相接。平时洗脸、刷牙用过的废水都可以通过下水口流入水箱,聚满后可以冲洗坐便器。

(7) 联一联:现有事物与其他事物之间是否存在联系?能否利用这种联系进行创新?

指纹锁、眼睑锁、语音识别锁的发明,就是联一联的实例。

(8) 学一学:能否从学习、模仿或借鉴其他事物中产生创新设想?

木匠鲁班有一次去树林中伐木,不小心手被锯齿形树叶拉破。据说他就是从这一事件中得到启发,模仿树叶的形态发明了锯子。

(9) 代一代:能否用其他事物来取代、替代?

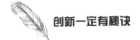

爱迪生在发明灯泡时,曾为制作炭化白炽灯丝的材料绞尽脑汁,他试用过近两千种材料,甚至用他朋友的胡子来替代灯丝做实验,最后才发现用一种日本的竹子效果最好。

(10) 搬一搬:能否把现有事物或事物的原理、技术、方法等搬到别的场合去应用?

泌尿科医生引入微爆破技术来消除肾结石。

(11) 反一反:能否将现有事物的原理、方法、结构、用途等颠倒过来?

吸尘器的发明就是一例。原本想发明一种利用气流吹尘的清洁工具,试用时发现尘土飞扬、效果很差,结果反其道而行之,发明了吸尘器。

(12) 定一定:对现有事物能否作出一些规定或限定?
会员卡积分达到一定值能够享受特殊优惠;空气指数、舒适度指数、股票指数、紫外线指数、森林防火等级的确定等。

例3-6　新型电扇的开发

◆ 创新目标　运用十二动词法对电风扇进行创新设计。

◆ 检核内容及结果　参见表3-4。

表3-4　十二动词法开发新型电扇

序号	检核内容	相关设想
1	加	带灯的风扇,带负离子发生器的风扇,发出香味的除臭扇
2	减	无叶片风扇
3	扩	能全方位送风的球型电风扇

续 表

序号	检核内容	相关设想
4	缩	折叠风扇,微型卡通风扇
5	变	变形金刚式风扇,闪字风扇,情侣扇
6	改	太阳能风扇,防感冒风扇
7	联	USB风扇,驱蚊扇,催眠扇
8	学	遥控电扇,智能风扇
9	代	木叶片电扇,空调扇
10	搬	宠物风扇,衣服烘干风扇,去湿扇,增湿扇
11	反	冬天用的热风扇,吸尘扇
12	定	低噪音风扇,节能扇

◆ **创新实例**　图3-6给出了几款微型风扇创新产品。

(a) 没有扇叶的风扇,该微型扇只有三个夹子,可夹持树叶等充当"扇叶"
(b) 闪字风扇,扇叶转动时显示预先设定的内容
(c) 苹果型USB风扇,可连接电脑使用

图3-6　微型风扇的创新产品

二、常用检核表法二:专题检核表法

1. 什么是专题检核表法

针对不同类型的具体问题,我们可以在检核表法基本原理的指导下,以实践经验为基础编制出专项问题检核表法,以确保检核表法更有效地应用于实际。

例如,我们可以结合自身的工作实际,开发出"提高学习效率检核表"、"降低成本检核表"、"日常管理检核表"、"故障诊断检核表"等。

相对十二动词法等通用型检核表而言,专题检核表更具实用性或专家咨询性。运用专题检核表法,能更有针对性地处理某一专项性问题。

2. 专题检核表法的实施方法

(1) 编制专题检核表:从创新活动的实际出发,针对某一专项问题进行调查研究、收集信息、总结经验,然后按检核表法的要求编制专题检核表。检核表应力求简洁明了、一目了然,便于记忆和实际应用。

(2) 专题检核思考:应用专题检核表对专项问题逐项进行检查核对,从中发现问题,提出创新设想或解题方案。

(3) 修改完善:自编的专题检核表应注意在实践中不断修改完善。

在计算机技术广泛应用的今天,我们可以在专项问题检核的基础上建立知识库,运用人工智能语言开发专题性的计算机辅助专家系统,提高检核的效率和准确性。例如,医院可综合多位名医的经验,开发出诊断某些疾病的专家系统,通过人机对话(检核),实现疾病的诊断和获取治疗方案。

3. 专题检核表法的应用

例 3-7　演示实验优化设计检核表

◆ **创新目标**　演示实验的优化设计与改进。

演示实验是物理教学的一个重要环节,通过演示实验,有利于帮助学生直观、形象地理解物理现象的变化规律,形成正确的物理概念,清晰地揭示物理规律,启发学生思维,激发学生学习科学的兴趣和求知欲望。

现有的一些物理演示实验,可操作性及可观性或多或少会存在这样或那样的不足,从而影响到实验教学信息的有效传递。

针对演示实验的缺陷或不足,开展演示实验的优化设计与改进,可充分利用现有仪器,有效提高演示实验的效果。

◆ 专题检核表的编制　参见表3-5。

表3-5　演示实验优化设计检核表

编号	检核内容	检核问题1	检核问题2
1	教学目标	是否明确	能否达到实验目的
2	实验现象	是否直观明显	能否更直观、更明显
3	原理展示	是否清晰准确	能否被学生理解,能否用其他方式展示
4	呈现方式	是否生动有趣	能否设计得更有趣、更吸引人
5	仪器设计	是否过于复杂	能否简化仪器组合或简化操作
6	实验条件	是否过于苛刻	能否降低实验条件
7	实验时间	是否过长或过短	能否有效控制演示时间
8	实验成功率	是否过低	能否提高成功率和可重复性
9	仪器设备	是否容易损坏	能否改进或替换易损部件
10	实验操作	是否安全可靠	能否采取措施确保操作安全

我们通过实践摸索,设计了表3-5所示的演示实验优化设计检核表,该表指导学生从教学目标、实验现象、原理展示、呈现方式、仪器设计、实验条件、实验时间、实验成功率、仪器设备、实验操作等十个方面,针对具体的演示实验进行检核提问,每一检核内容设置了两次检核问题(检核问题1和检核问题2),有利于从深度检核中发现问题,获得改进和优化实验设计的思路。

实践表明,检核表法对于思维不够活跃、不善于提问的同学特别适用。利用检核表有针对性地对演示实验进行检查核对,有利于增强问题意识,拓展思维广度和深度,培养发现问题、提出问题和解决问题的能力,对演示实验仪器的改进和实验教学起到了有效的促进作用。

§3.5 还原法

一、什么是还原法

还原法是把创新的起点回归到创新的原点,再从原点出发进行创新的方法。

还原法也称原点回归法。应用还原法时,不是从现在所研究的问题出发,而是反过来对问题追本溯源,分析问题的本质,然后从本质出发,另辟蹊径,运用新思想、新技术、新手段进行创新。

自古以来,人们在搞发明创造和解决实际问题时,常常会习惯性地沿袭前人的思路,循着前人的创造方向去考虑。这样做容易导致思路狭窄,有时甚至会走入死胡同。这时,如果我们能运用还原法追根溯源,找到问题的原点,再从原点出发寻求解决问题的新途径,那么,我们的创新思路将会大大拓展,达到"后退一步,海阔天空"的功效。

还原法适用于一切领域中的创新活动,其目的是谋求创新的新途径。

还原法为我们克服习惯性思维的障碍、打开创新的思路,提供了一条十分有效的途径。在发明创造和经营、决策等许多方面,还原法都有着广泛的应用。

例如,电脑上的一键还原设计就利用了还原法,它是一款傻瓜式的系统备份和还原工具,具有安全、快速、保密性强、压缩率高、兼容性好等特点,特别适合电脑新手和担心操作麻烦的人使用。

二、还原法的实施步骤

1. 确定原点

运用还原创新法的关键,首先是要善于透过现象看本质,分析事物的起因,找到产生事物的原点。

例如,冰箱发明的目的是为了使食品能防腐保鲜,其创新原点是"食品的防腐保鲜";饮水机发明的目的是为了能喝到干净的水,其创新原点是"产生能直接饮用的水"。

对研究问题进行重新表述,有利于找到创新的原点,扩大思维视角,参见表3-6。

表3-6 创新问题的重新表述

原问题的表达	回到原点的表达	创新对象	说明
改进一个加热器	如何提供热量	加热器 被加热对象	提供热量的方式不止用加热器一种,加热器产生热量的方式也不止一种
设计一只捕鼠夹	如何消灭老鼠	捕鼠工具 老鼠	消灭老鼠的方式不止捕鼠夹一种,如给老鼠吃不孕药
设计一种螺丝和螺母	如何将物件连接	连接方式 连接对象	将物件连接的方式不止螺丝和螺母一种
如何提高割草机的割草效果并降低噪音	如何使草不长高	除草方式 草	使草不长高的方法不止用割草机一种,如改良草种
发明可将衣服洗得更干净的洗衣剂	如何使污垢与衣物分离	洗衣剂 洗衣机 衣服	让污垢与衣物分离的方法不止用洗衣剂一种,如发明不沾灰尘的衣服

2. 从原点出发开辟创新途径

例如,能使食品防腐保鲜的方法不只冷冻一种,还有高压保鲜、真空保鲜、电磁灭菌保鲜等途径。产生能直接饮用的水的方法也不只家用饮水机,还可通过管道集中供水、直接将饮用水输入家庭等。

3. 还原法的应用

例3-8 家用洗衣机的开发

◆ **确定原点** 洗衣机的目的是洗净衣物,而衣物变脏是由于吸附了灰尘、油污、汗水等污垢,洗净衣物的关键是使污垢与衣物分离,因而创新的原点便是"使污垢与衣物分离的方法"。

使污垢与衣物分离的最原始方法是采用手搓、脚踩、板揉、棒打等方式。洗衣机的发明本身就是对这一原始方法的突破,它采用机械的方式,使人们从繁重的体力劳动中解放出来。

洗衣机自问世以来,先后有单缸洗衣机、双缸洗衣机、滚筒洗衣机等产品出现,但这几种洗衣机的基本原理没有改变,都是通过电机的转动,使洗衣粉、水和衣物间产生机械摩擦,实现污垢与衣物的分离。

◆ 从原点出发开辟创新途径　站在创新的原点上,广泛考虑各种各样的分离方法,便有可能开发出多种基于不同工作原理的新型洗衣机。

例如,利用超声波的空化作用,能使水产生气泡和空洞并不断振荡,这种作用具有很强的洗涤效果。基于这一原理,可发明一种超声波洗衣机。此外,还可发明利用臭氧分子使衣物污垢中的有机物分解并溶入水中的臭氧洗衣机;利用电磁线圈产生振荡作用的电磁洗衣机;将水变成带电液体、具有清洗和杀菌功能的静电洗衣机等。

§3.6　发明问题的解决理论(TRIZ)

科技部、发展改革委、教育部和中国科协 2008 年联合发文《关于加强创新方法工作的若干意见》(国科发财〔2008〕197 号),强调为贯彻党的十七大精神,落实科学发展观和《国家中长期科学和技术发展规划纲要(2006—2020 年)》,要大力推进技术创新方法的研究、宣传、普及与应用,将创新方法作为一项长期性、战略性工作来抓,切实从源头上提升自主创新能力、推进创新型国家建设。要推进发明问题的解决理论(TRIZ)等国际先进技术创新方法与中国本土需求融合,推广技术成熟度预测、技术进化模式与路线、冲突解决原理、效应及标准解等 TRIZ 中成熟方法在企业的应用。目前,科技部、教育部已在黑龙江等多个省市开展了创新方法的大面积培训与应用试点,并计划在全国各地普及推广。

本节对科技部重点推广的技术创新方法——TRIZ 技术创新理论作一简要介绍。

一、什么是 TRIZ

TRIZ 是俄文"**发明问题解决理论**"的缩写,该理论由苏联发明家阿奇舒勒在 1946 年创立。

阿奇舒勒在苏联海军的专利局工作,他在处理世界各国著名的发明专利过程中,总是考虑这样一个问题:当人们进行发明创造、解决技术难题时,是否有可遵循的科学方法和法则,从而能迅速地实现新的发明创造或解决技术难题?

答案是肯定的!阿奇舒勒发现,任何领域的产品改进、技术的变革、创新和生物系统一样,都存在产生、生长、成熟、衰老、灭亡,是有规律可循的。人们如果掌握了这些规律,就能够能动地进行产品设计并能预测产品的未来趋势。

阿奇舒勒等人分析了世界近 250 万份高水平的发明专利,总结出各种技术发展进化遵循的规律模式,以及解决各种技术矛盾和物理矛盾的创新原理和法则,建立了一个由解决技术、实现创新开发的各种方法、算法组成的综合理论体系,并综合多学科领域的原理和法则,建立起 TRIZ 理论体系。

TRIZ 在苏联被作为国家机密对其他国家保密。20 世纪 80 年代中期,随一批科学家移居美国等西方国家,逐渐把该理论介绍给其他国家,并在技术开发领域产生了重要的影响。

二、TRIZ 的主要内容

从最通俗的意义上讲,创新就是创造性地发现问题和创造性地解决问题的过程,TRIZ 的强大作用正在于它为人们创造性地发现问题和解决问题提供了系统的理论和方法工具。TRIZ 包含着许多系统、科学而又富有可操作性的创造性思维方法和发明问题的分析方法。

现代 TRIZ 理论体系主要包括以下九个方面的内容:

1. 技术系统的八大进化法则

阿奇舒勒的技术系统进化论可以与自然科学中的达尔文生物进

化论和斯宾塞的社会达尔文主义齐肩,被称为"三大进化论"。针对技术系统进化演变规律,在大量专利分析的基础上,TRIZ 总结提炼出技术系统的八大进化法则。利用这些进化法则,可以分析确认当前产品的技术状态,并预测未来发展趋势,开发富有竞争力的新产品。

TRIZ 技术系统的八大进化法则如下:①技术系统的 S 曲线进化法则;②提高理想度法则;③子系统的不均衡进化法则;④动态性和可控性进化法则;⑤增加集成度再进行简化法则;⑥子系统协调性进化法则;⑦向微观级和场的应用进化法则;⑧减少人工进入的进化法则。

技术系统的这八大进化法则可以应用于产生市场需求、定性技术预测、产生新技术、专利布局和选择企业战略制定的时机等。它可以用来解决难题,预测技术系统,产生并加强创造性问题的解决工具。

2. 最终理想解(IFR)

TRIZ 在解决问题之初,首先抛开各种客观限制条件,通过理想化来定义问题的最终理想解(IFR),以明确理想解所在的方向和位置,保证在问题解决过程中沿着此目标前进并获得最终理想解,从而避免了传统创新涉及方法中缺乏目标的弊端,提升了创新设计的效率。

如果将创造性解决问题的方法比作通向胜利的桥梁,那么最终理想解就是这座桥梁的桥墩。

最终理想解有四个特点:①保持了原系统的优点;②消除了原系统的不足;③没有使系统变得更复杂;④没有引入新的缺陷等。

3. 40 个发明原理

不同的发明创造往往遵循共同的规律。阿奇舒勒对大量的专利进行了研究、分析和总结,提炼出 TRIZ 中最重要、具有普遍用途的 40 个发明原理,针对具体的技术矛盾,可以基于这些发明创新原理、结合工程实际寻求具体的解决方案。

TRIZ 的 40 个发明原理详见第 4 章。

4. 39项通用工程参数和矛盾矩阵

在对专利研究中,阿奇舒勒发现在许多技术问题中,当一个技术参数得到改善的同时,往往会导致另一个参数恶化,这就出现了技术矛盾,大量专利都是在不同的领域上解决某些通用的工程参数间的冲突与矛盾,这些矛盾不断地出现,又不断地被解决。而不同领域的技术矛盾,表现为仅有39项通用工程参数彼此相对改善与恶化。

TRIZ将技术矛盾冲突与冲突解决原理组成一个由39项改善参数与39项恶化参数构成的矛盾矩阵,矩阵的横轴表示希望得到改善的参数,纵轴表示引起恶化的参数,横纵轴各参数交叉处的数字表示用来解决系统矛盾时所使用创新原理的编号,这就是著名的矛盾矩阵。

阿奇舒勒矛盾矩阵为问题解决者提供了一个可以根据系统中产生矛盾的两个工程参数,从矩阵表中直接查找化解该矛盾的发明原理来解决问题。

5. 物理矛盾的分离原则

当一个技术系统的工程参数具有相反的需求,就出现了物理矛盾。例如,要求系统的某个参数既要出现又不存在,或既要高又要低,或既要大又要小等。相对于技术矛盾,物理矛盾是一种更尖锐的矛盾,创新中需要加以解决。

TRIZ针对物理矛盾的解决,提出的四大分离原理和11种分离方法。其中四大分离原理分别是空间分离、时间分离、居于条件的分离和系统级别分离,详见第4章。

6. 物-场模型分析

TRIZ认为,每一个技术系统都可由许多功能不同的子系统所组成,而每个子系统都可以再进一步细分,直到微观层次。无论大系统、子系统,还是微观层次,都具有相应的功能。物-场描述方法与模型的原理认为,所有的功能都可分解为两种物质及一种场,即一功能由两种物质及一种场的三元件组成。在物质-场模型的定义中,物质是指某种物体或过程,可以是整个系统,也可以是系统内的子系统或单个物体,甚至可以是环境,这取决于实际情况。场是指完成某种功能所需的手法或手段,通常是一些能量形式,如磁场、重力场、电能、热能、化学能、机械能、声能、光能等。物-场分析是 TRIZ 中的一种分析工具,用于建立与已存在的系统或新技术系统问题相联系的功能模型。

7. 发明问题的标准解法

阿奇舒勒于 1985 年创立标准解法,共有 76 个,分成 5 级,各级中解法的先后顺序也反映了技术系统必然的进化过程和进化方向。

标准解法可以将标准问题在一两步中快速进行解决,它是 TRIZ 高级理论的精华。标准解法也是解决非标准问题的基础,非标准问题主要应用发明问题解决算法(ARIZ)来进行解决,而 ARIZ 的主要思路是将非标准问题通过各种方法进行变化,转化为标准问题,然后应用标准解法来获得解决方案。

8. 发明问题解决算法(ARIZ)

ARIZ 是发明问题解决过程中应遵循的理论方法和步骤,ARIZ 是基于技术系统进化法则的一套完整问题解决的程序,是针对非标准问题而提出的一套解决算法。

ARIZ 最初由阿奇舒勒于 1977 年提出,随后经过多次完善才形成比较完善的理论体系,ARIZ-85 包括九大步骤:①分析问题;②分析问题模型;③陈述 IFR 和物理矛盾;④动用物-场资源;⑤应用知识库;⑥转化或替代问题;⑦分析解决物理矛盾的方法;⑧利用解法概念;⑨分析问题解决的过程等。

9. 科学效应和现象知识库

科学原理,尤其是科学效应和现象的应用,对发明问题的解决具有超乎想象的、强有力的帮助。TRIZ 基于物理、化学、几何学等领域数百万项发明专利的分析结果而构建的知识库,可以为技术创新提供丰富的方案来源。

三、TRIZ 的核心思想和基本特征

TRIZ 的核心思想和基本特征主要体现在三个方面。

(1)无论是一个简单产品还是复杂的技术系统,其核心技术的

发展都遵循客观规律发展演变,即具有客观的进化规律和模式;

(2) 各种技术难题、冲突和矛盾的不断解决,是推动这种进化过程的动力;

(3) 技术系统发展的理想状态是用尽量少的资源实现尽量多的功能。

四、TRIZ 解决问题的过程

发明问题解决理论的核心是技术进化原理。按这一原理,技术系统一直处于进化之中,解决冲突是其进化的推动力。进化速度随技术系统一般冲突的解决而降低,使其产生突变的唯一方法是解决阻碍其进化的深层次矛盾冲突。

在利用 TRIZ 解决具体问题的过程中,首先将要解决的问题表达成 TRIZ 问题,然后利用 TRIZ 中的工具(如发明原理、标准解等),求出该 TRIZ 问题的普适解或模拟解,最后再把该解转化为领域的解或特解。

五、TRIZ 的特点和优势

相对于传统的创新方法(如试错法、头脑风暴法等),TRIZ 具有鲜明的特点和优势:它成功地揭示了创造发明的内在规律和原理,着力于澄清和强调系统中存在的矛盾,而不是逃避矛盾,其目标是完全解决矛盾,获得最终的理想解,而不是采取折中或者妥协的做法,而且它基于技术的发展演化规律研究整个设计与开发过程,不再是随机的行为。

实践证明,运用 TRIZ 可以大大加快人们创造发明的进程和得到高质量的创新成果。它能够帮助我们系统分析问题情境,快速发现问题本质或者矛盾,它能够准确确定问题探索的方向,不会错过各种可能,而且它能够帮助我们突破思维障碍,打破思维定势,以新的视觉分析问题,进行逻辑性和非逻辑性的系统思维,还能根据技术进化规律预测未来发展趋势,帮助我们开发富有竞争力的新产品和新技术。

六、TRIZ 的应用与发展

经过半个多世纪的发展，TRIZ 已经发展成为一套解决新产品开发实际问题的成熟理论和方法体系，它实用性强并经过实践检验，应用领域也从工程技术领域扩展到管理、社会等多方面，它已在众多领域取得了重大的效益。

TRIZ 以其良好的可操作性、系统性和实用性，在全球的创新和创造学研究领域占据独特的地位。在经历了理论创建与理论体系的内部集成后，TRIZ 正处于其自身进一步完善与发展、与其他先进创新理论方法集成阶段，尤其是已成为最有效的计算机辅助创新技术、创新问题求解的理论与方法基础。

 创新思考题

3.1 在运用焦点联想法时，为什么列举的联想对象与焦点表面关系越疏远，就越有创新的可能？

3.2 运用特性列举法分别列出"手机"的名词类特性、形容词类特性和动词类特性，并针对特性逐一进行分析，提出有关手机的创新设想。

3.3 在你手头的报纸、杂志上刊登的广告中随意挑选两则广告，将其中的产品或信息进行强制联想，提出创新设想。

3.4 十二动词法指的是哪十二个动词？试运用十二动词法针对你所熟悉的某一产品（如你所在企业的产品或日用品等），提出系列开发设想。

3.5 应用信息交合法将下列对象进行两两信息交合联想，提出至少六个发明创新设想。

联想对象：肥皂，气球，汽车，空调，衣服，电脑，鲜花，手机，笔，书。

（举例：肥皂＋气球＝可浮在水面的肥皂）

3.6 参照专题检核表法,以提高工作或学习效率为主要目标,编制一份适合日常工作学习的专题检核表在实践中使用,验证其效果并修改完善。

3.7 运用还原法时,为什么一定要先回到事物的原点,再从原点出发开辟创新途径？试用还原法对下列问题给出较好的表达,并从原点出发提出相关创新设想。

表 3-7 思考题 3.7

原问题的表达	回到原点的表达	创新设想
设计一个苍蝇拍		
设计一个剃须刀		
设计一只钟		
设计一把锯子		

3.8 针对市场上现有的某一个产品(可自选),分析其发明的目的,指出其存在的缺点和不足,综合应用创新方法提出新的创新方案。

3.9 阅读下列案例并回答问题:鲍罗奇采用了何种创新方法？请列举至少八对具有相反意义的字对(如胖瘦、大小、宽窄等)。该案例给了你哪些启示？

【"胖墩"变"瘦条"】

鲍罗奇是一位专营中国食品的美国企业家,他的公司注册商标图案原先是一位中国胖墩,在第二次世界大战期间销路很好。当时,肥胖象征着财富与安乐,胖墩很受大家的欢迎。随着人们生活水平的提高,减肥运动悄然兴起,与"胖墩"商标联系在一起的食品销路越来越差。

"既然'胖'不行,那么'瘦'怎么样？"鲍罗奇将商标图案改成中国"瘦条"。结果,这一改动的效果立竿见影,公司的食品销量大增。

第4章
创新原理
——成功一定有秘诀

任何产品都具有一种或多种功能。例如,汽车具有运输、牵引等功能,手机可以通话、上网、拍照等,铅笔用来书写、绘画等等。可以说,产品是多种功能的复合载体。为了实现这些功能,产品需要由多个相互关联的部分或零部件组成。为提高产品的市场竞争力,需要根据市场需求,不断地对产品性能进行改进或创新设计。

当改变某个零部件的设计以提高产品某方面的性能时,往往会影响与之相关联的零部件,结果就可能导致产品另一方面的性能受到影响。如果这种影响是负面的,创新设计就出现矛盾。

创新问题是包含至少一个矛盾的问题,解决问题的核心是解决矛盾。系统的进化就是不断消除系统矛盾的过程,不仅要改善矛盾的一个方面,同时又希望不要恶化矛盾的另一方面,以达到解决矛盾的理想化。

TRIZ 创新理论中,将工程技术中所出现的各种矛盾归结为两类:一类称为物理矛盾,另一类称为技术矛盾。对物理矛盾,可用四大分离原理去化解;对技术矛盾,可用矛盾矩阵和 40 个创新原理去解决。本章分别对这两类矛盾进行分析,并介绍解决这些矛盾的创新原理。

§4.1 物理矛盾与分离原理

一、物理矛盾

当一个系统的某个参数同时具有相反的需求时,就出现了物理矛盾(Physical Contradictions)。例如,系统要求温度既要高,又要低;质量既要大,又要小;缝隙既要宽,又要窄等。

在物理矛盾中,系统的矛盾由某个参数导致,一方面要求该参数向正向发展,另一方面又要求该参数向负向发展,导致了矛盾的出现。这种矛盾看起来也许会觉得荒唐,但事实上在许多工作中都存在这样的矛盾。

【汽车的底盘设计】

为了便于加速并降低加速时的油耗,汽车的底盘应具有较小的重量。但为了保证高速行驶时的稳定性和安全性,汽车的底盘又应具有较大的重量。这种同时要求底盘既要重又要轻的情况,对于汽车底盘的设计来说就是物理矛盾,解决该矛盾是汽车底盘设计的一个关键。

【飞机机翼的设计】

为了容易起飞,飞机的机翼应具有较大的面积;但为了高速飞行,飞机的机翼又应具有较小的面积。这种既要求机翼面积大、又要求机翼面积小的情况,对于飞机机翼的设计来说就是物理矛盾,解决该矛盾是飞机机翼设计的一个关键。

物理矛盾通常有两种表现:一是系统有害性能降低的同时,导致该系统有用性能的降低;二是系统有用性能增强的同时,导致该系统有害性能的增强。

根据常用的物理参量,可将技术系统的物理矛盾分为三类:形状结构类、属性关系类、功能作用类。常见物理矛盾和相关参量参见表4-1。

表4-1 常见物理矛盾

类别	物理矛盾			
形状结构类	长与短	粗与细	厚与薄	宽与窄
	凹与凸	大与小	圆与非圆	锋利与迟钝
	对称与不对称	平行与交叉	水平与垂直	高与低
	内与外	正与反	上与下	前与后

(续表)

类别	物理矛盾			
属性关系类	导体与非导体	密度大与小	温度高与低	导热率高与低
	寿命长与短	黏度高与低	功率大与小	摩擦系数大与小
	重与轻	固定与活动	固态与非固态	主与次
	分与合	因与果	先与后	虚与实
功能作用类	推与拉	动与静	快与慢	冷与热
	多与少	强与弱	软与硬	成本高与低
	扩与缩	喷射与堵塞	有利与有害	自动与他动
	有效与无效	周期性与非周期性	连续与间断	作用与反作用

二、分离原理

针对系统出现的物理矛盾,可运用四大分离原理来解决。这四大分离原理分别是空间分离、时间分离、条件分离和层次分离,参见表4-2。

表4-2 解决物理矛盾的四大分离原理

分离原理	分离条件	含 义
空间分离	矛盾双方在某一空间只出现一方时	物体的一部分表现为一种特性,而另一部分则表现为另一种特性;在不同空间实现相反需求
时间分离	矛盾双方在某一时间只出现一方时	物体在一时间段内表现为一种特性,而在另一时间段内表现为另一种特性;在不同时间段实现相反需求

(续表)

分离原理	分离条件	含 义
条件分离	矛盾双方在某一条件下只出现一方时	物体在一种条件下表现为一种特性,而在另一种条件下表现为另一种特性;在不同条件下实现相反需求
层次分离	矛盾双方在某一层次上只出现一方时	物体在某一层次上表现为一种特性,而在另一层次上表现为另一种特性;在不同层次上实现相反需求

分离原理的基本思想就是将矛盾双方分离,避免矛盾双方针锋相对,以消除矛盾存在的必要条件。通过矛盾分离,使矛盾双方分别构成不同的技术系统,用系统与系统间的联系代替内部联系,将内部矛盾外部化。

1. 空间分离

所谓空间分离,是将矛盾双方在不同空间上分离开来,避免让它们同时在同一空间出现,以获得问题的解决或降低解决问题的难度。

使用空间分离前,应先分析矛盾双方在整个空间各处的出现情况。当在某一空间只出现矛盾一方时,可以运用空间分离来解决问题。例如,使物体的一部分表现为一种特性,而另一部表现为另一种特性,确保在不同空间实现相反需求。

【手机显示屏与键盘的优化设计】

◆ 物理矛盾 在手机表面积一定的情况下,为了便于观看信息,要求显示屏大些;但为了便于操作,要求键盘大些,从而又要求显示屏小些。对手机显示屏的设计具有大、小两个相反方面的要求,产生了手机设计的物理矛盾。传统解决方法是采用折中法,使显示屏和键盘各占恰当比例。

◆ 解决方案 在手机表面积一定的情况下,实施显示屏和键盘的空间分离。一种方案是将手机设计成滑盖式,使手机表面的显示屏最大化,而键盘做成隐藏式的,使用键盘时可以从显示屏下抽出。滑盖式手机解决了手机显示屏与键盘设计时的物理矛盾,同时满足了显示屏和键盘的最大化。

2. 时间分离

所谓时间分离,是将矛盾双方在不同时间段上分离开来,避免让它们在同一时间出现,以获得问题的解决或降低解决问题的难度。

使用时间分离前,应先分析矛盾双方在整个时间段的出现情况。当在某一时间段只出现矛盾一方时,可以运用时间分离来解决问题。例如,使物体在某一时间段表现为一种特性,而在另一时间段表现为另一种特性,确保在不同时间段实现相反需求。

【伸缩式起落架】

◆ 物理矛盾 飞机在起飞和降落过程中需要起落架,以支持飞机在地面的滑行;在飞行过程中又不需要起落架,以免增加飞行阻力。

◆ 解决方案 伸缩式起落架。在起降时伸出机体外,在飞行过程中缩回机体内。由于飞机起降和飞行发生在不同时间段,伸缩式起落架的设计采用了时间分离原理。

【折叠式自行车】

◆ 物理矛盾 自行车在骑行时要求体积较大以便载人,在停放或携带时要求体积较小以便节省空间。

◆ 解决方案 折叠式自行车。在骑行时展开,停放或携带时折叠。由于自行车骑行和停放发生在不同时间段,其设计采用了时间分离原理。图 4-1 为一款新型折叠式自行车。

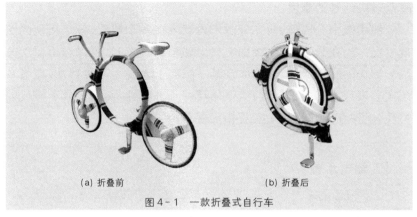

(a) 折叠前　　　　　　　　(b) 折叠后

图 4-1　一款折叠式自行车

3. 条件分离

所谓条件分离,是将矛盾双方在不同条件下分离开来,避免让它们在同一条件出现,以获得问题的解决或降低解决问题的难度。

使用条件分离前,应先分析矛盾双方在各种条件下的出现情况。当在某一条件下只出现矛盾一方时,可以运用条件分离来解决问题。例如,使物体在某一条件下表现为一种特性,在另一条件下表现为另一种特性,确保在不同条件下实现相反需求。

【水的刚与柔】

水在静止或慢速流动时具有柔性,在高压条件下喷射时具有刚性。将水增压至100～400兆帕后,经节流小孔喷出,流速可达900毫米每秒,用这种高速密集的水射流可进行金属、非金属等各种材料的切割。

4. 层次分离

所谓层次分离,是将矛盾双方在不同层次、不同系统级别下分离开来,避免让它们在同一层次、同一级别出现,以获得问题的解决或降低解决问题的难度。

使用级别分离前,应先分析矛盾双方在各个层次、各个级别的出现情况。当在某一层次、级别上只出现矛盾一方时,可以运用层次分离来解决问题。例如,使物体在某一层次上表现为某种特性,在另一层次上表现为另一种特性;或整体具有一种特性,而部分具有相反的特性,确保在不同层次上实现相反需求。

【无绳电水壶】

无绳电水壶在烧水时,壶体置于底座上与底部电源相连;在倒水时,壶体从底座上移去,确保与电源分离。该设计具有使用方便和防触电、防漏电功能,增加了电水壶使用时的安全性。

§4.2 技术矛盾与矛盾矩阵

一、技术矛盾

当系统的某个特性或参数得到改善时,常常会引起其他特性或参数劣化,这种矛盾称为技术矛盾(Technical Contradictions)。

通俗来讲,技术矛盾是指系统中的问题至少由两个相互制约的参数导致,其中一个参数的改善会导致另一个参数变坏。这就像天平的一端翘起,另一端必然下沉一样。

【电脑重量与电池使用时间】

笔记本电脑为了便于随时随地使用,最好在没有外接电源的情况下可以用很长时间,这就需要有强大的电池提供足够的电能,由此会导致笔记本电脑变重,出现了笔记本电脑重量与电池使用时间之间的技术矛盾。解决该矛盾的目标,是笔记本电脑既要轻,又要有足够长的电池使用时间。

【宇宙飞船的质量和尺寸】

将宇宙飞船送入太空时,希望飞船的质量越小越好,因为这将更加容易运载,同时成本也会降低。但若要减小宇宙飞船的质量,势必要缩小其尺寸,宇宙飞船的搭载能力就会受到影响。因此飞船的质量和尺寸之间就产生了矛盾。解决该矛盾的目标是宇宙飞船质量要轻,又要确保其具有足够的空间尺寸。

技术矛盾通常体现为系统中两个子系统间的矛盾冲突,其表现形式如下:

(1) 一子系统有用功能的建立,导致另一子系统有害功能的产生或增强;

(2) 一子系统有害功能的消除,导致另一子系统有用功能的损坏;

(3) 一子系统有用功能的增强或有害功能的降低,导致另一个子系统或全系统变得更加复杂,产生无法接受的并发症。

二、通用工程参数与矛盾矩阵

1. 39个通用工程参数

阿奇舒勒发现,大量专利都是在不同的领域上解决某些通用的工程参数间的冲突与矛盾,这些矛盾不断出现,又不断被解决。而不同领域的技术矛盾,表现为仅有39个通用工程参数在彼此相对改善与恶化。通过39个通用工程参数,可把实际工程设计中的技术矛盾转化为标准的技术矛盾。

39个工程参数的名称及意义见表4-3,其中运动物体(Moving objects)是指自身或借助于外力可在一定的空间内运动的物体;静止物体(Stationary objects)是指自身或借助于外力都不能使其在空间内运动的物体。

表4-3 39个通用工程参数

序号	名称	意义
1	运动物体的重量	在重力场中运动物体所受到的重力,如运动物体作用于其支撑或悬挂装置上的力
2	静止物体的重量	在重力场中静止物体所受到的重力,如静止物体作用于其支撑或悬挂装置上的力
3	运动物体的长度	运动物体的任意线性尺寸
4	静止物体的长度	静止物体的任意线性尺寸
5	运动物体的面积	运动物体内部或外部所具有的表面或部分表面的面积
6	静止物体的面积	静止物体内部或外部所具有的表面或部分表面的面积
7	运动物体的体积	运动物体所占有的空间体积
8	静止物体的体积	静止物体所占有的空间体积
9	速度	物体的运动速度,过程或活动与时间之比
10	力	两个系统之间的相互作用,试图改变物体状态的任何作用
11	应力或压力	单位面积上的力
12	形状	物体外部轮廓或系统的外貌
13	结构的稳定性	系统的完整性及系统组成部分之间的关系,磨损、化学分解及拆卸都会降低稳定性
14	强度	物体抵抗外力作用的能力
15	运动物体作用时间	运动物体完成规定动作的时间、服务期,两次误动作之间的时间也是作用时间的一种度量
16	静止物体作用时间	静止物体完成规定任务的时间、服务期
17	温度	物体或系统所处的热状态,包括影响温度变化速度的热容量等其他热参数

(续表)

序号	名称	意义
18	光照度	单位面积上的光通量,反映系统的光照特性,如亮度、光线质量等
19	运动物体的能量	物体做功的一种度量,包括电能、热能及核能等
20	静止物体的能量	物体做功的一种度量,包括电能、热能及核能等
21	功率	单位时间内所作的功,即利用能量的速度
22	能量损失	能量的损耗或浪费
23	物质损失	部分或全部、永久或临时的材料、部件或子系统等物质的损失
24	信息损失	部分或全部、永久或临时的数据损失
25	时间损失	一项活动中不必要的时间浪费
26	物质或事物的数量	材料、部件及子系统等的数量,它们可以部分或全部、临时或永久的被改变
27	可靠性	系统在规定的方法及状态下完成规定功能的能力
28	测试精度	系统特征的实测值与实际值之间的误差,减少误差有利于提高测试精度
29	制造精度	系统或物体的实际性能与所需性能之间的误差
30	物体外部有害因素作用的敏感性	物体对受外部或环境中的有害因素作用的敏感程度
31	物体产生的有害因素	有害因素将降低物体或系统的效率,或完成功能的质量
32	可制造性	物体或系统制造过程中简单、方便的程度
33	可操作性	要完成的操作应需要较少的操作者、较少的步骤以及使用尽可能简单的工具,一个操作的产出要尽可能多

（续表）

序号	名称	意义
34	可维修性	对于系统可能出现失误所进行的维修要时间短、方便和简单
35	适应性及多用性	物体或系统响应外部变化的能力，或应用于不同条件下的能力
36	装置的复杂性	系统中元件数目及多样性，如果用户也是系统中的元素将增加系统的复杂性；掌握系统的难易程度是其复杂性的一种度量
37	监控与测试的困难程度	如果一个系统复杂、成本高、需要较长的时间建造及使用，或部件与部件之间关系复杂，或测试成本高，都会使系统的监控与测试困难
38	自动化程度	系统或物体在无人操作的情况下完成任务的能力
39	生产率	单位时间内所完成的功能或操作数

为了应用方便，上述39个通用工程参数可分为如下三类：

(1) 通用物理及几何参数：1～12，17～18，21；

(2) 通用技术负向参数：15～16，19～20，22～26，30～31；

(3) 通用技术正向参数：13～14，27～29，32～39。

注：负向参数（Negative parameters）：指这些参数变大时，使系统或子系统的性能变差。如子系统为完成特定的功能所消耗的能量（19～20）越大，则设计越不合理。

正向参数（Positive parameters）：指这些参数变大时，使系统或子系统的性能变好。如子系统可制造性（32）指标越高，子系统制造成本就越低。

2. 矛盾矩阵

TRIZ将技术矛盾冲突与冲突解决原理组成一个由39个改善参数与39个恶化参数构成的矛盾矩阵（Interactive TRIZ Matrix），矩阵的横轴表示希望得到改善的参数，纵轴表示引起恶化的参数，横纵轴各参数交叉处的数字表示用来解决系统矛盾时所使用创新原理的编号,这就是著名的矛盾矩阵,参见表4-4。创新原理共有40个,详见本书§4.3中的表4-5。

表4-4 矛盾矩阵表(部分)

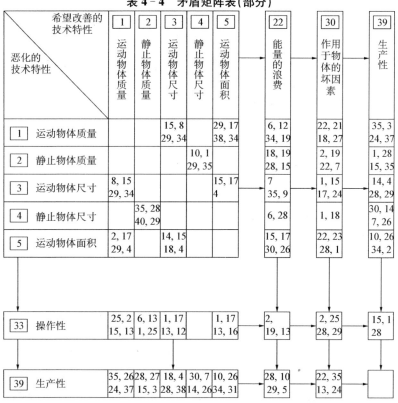

恶化的技术特性 \ 希望改善的技术特性	1 运动物体质量	2 静止物体质量	3 运动物体尺寸	4 静止物体尺寸	5 运动物体面积	22 能量的浪费	30 作用于物体的坏因素	39 生产性
1 运动物体质量			15, 8 29, 34		29, 17 38, 34	6, 12 34, 19	22, 21 18, 27	35, 3 24, 37
2 静止物体质量				10, 1 29, 35		18, 19 28, 15	2, 19 22, 7	1, 28 15, 35
3 运动物体尺寸	8, 15 29, 34				15, 17 4	7 35, 9	1, 15 17, 24	14, 4 28, 29
4 静止物体尺寸		35, 28 40, 29				6, 28	1, 18	30, 14 7, 26
5 运动物体面积	2, 17 29, 4		14, 15 18, 4			15, 17 30, 26	22, 23 28, 1	10, 26 34, 2
33 操作性	25, 2 15, 13	6, 13 1, 25	1, 17 13, 12		1, 17 13, 16	2, 19, 13	2, 25 28, 29	15, 1 28
39 生产性	35, 26 24, 37	28, 27 15, 3	18, 4 28, 38	30, 7 14, 26	10, 26 34, 31	28, 10 29, 5	22, 35 13, 24	

阿奇舒勒矛盾矩阵为问题解决者提供了一个可以根据系统中产生矛盾的两个工程参数,从矩阵表中直接查找化解该矛盾的创新原理来解决问题。

例如,针对宇宙飞船的质量和尺寸的矛盾,其质量和尺寸分别对应矛盾矩阵中"运动物体的质量"(要改善的)和"运动物体的长度"(恶化的)两个技术参数。矛盾矩阵在上述两参数的交叉处向我们提供了四个创新原理供参考,分别为15,8,29和34号创新原理,即可分别用动态化、配重、气体与液压结构、抛弃与再生,去尝试解决这一矛盾。

3. 技术矛盾的解决步骤

(1) 从待解决问题的描述中,试着找出需要解决的是哪一对技术矛盾;

(2) 根据39个工程参数,确定需要改善的参数和随之恶化的参数,把实际工程设计中的技术矛盾转化为标准的技术矛盾;

(3) 在矛盾矩阵表横轴参数与纵轴参数交叉处的方格内,找到用来解决该矛盾的创新原理的编号;

(4) 按所提供的创新原理编号次序,分别尝试用相应的创新原理解决矛盾,提出具体构想,并对创新设想作可行性分析和评估;

(5) 如矛盾矩阵中提供的创新原理都不适用,则重新定义矛盾和相应的工程参数,然后重复上述步骤。

【飞机引擎整流罩的改进】

在波音737飞机的引擎改进设计中,设计人员遇到了一个技术难题:引擎功率的改进需要增大整流罩的面积以使其吸入更多的空气,即需增大圆形整流罩的直径;但整流罩直径的增大将使它的下边缘与地面的距离变小,从而会使飞机在跑道上行驶时产生危险。这样就产生了技术上的矛盾。

我们选择两个技术参数,分别为"功率"(希望得到改善的参数)和"物质的量"(恶化的参数)。对照技术矛盾解决矩阵,两个参数交叉处的创新原理为4号(不对称原理)、34号(零部件的废弃或再生)与19号(周期性动作)。

显然34号"零部件的废弃或再生"与19号"周期性动作"对本方案的改进的意义不大。最终解决方案采用4号不对称原理,其办法是将整流罩由规则的圆形改为不规则的扁圆形。这样在增大发动机功率时,就不会导致整流罩与地面的距离过小,从而消除了矛盾。

§4.3 创新原理与应用实例

一、40个创新原理

苏联发明家阿奇舒勒在对大量专利的研究中发现,不同的发明创造往往遵循共同的规律,他提炼出TRIZ中最重要、具有普遍用途的40个创新原理。

TRIZ的40个创新原理见表4-5。本节将结合实例,针对具体的技术矛盾,结合工程实际,对这些原理作详细介绍。

表4-5 40个创新原理

编号	名称	编号	名称	编号	名称	编号	名称
1	分割	11	预先应急措施	21	紧急行动	31	多孔材料
2	提取	12	等势	22	变害为益	32	变色
3	局部改善	13	反向	23	反馈	33	同质
4	不对称	14	曲面化	24	中介物	34	抛弃与再生
5	合并	15	动态化	25	自服务	35	性能转换
6	多用性	16	不足或过量作用	26	复制	36	相变
7	嵌套	17	多维法	27	替代	37	热膨胀
8	配重	18	机械振动	28	机械系统的替代	38	加速氧化
9	预先反作用	19	周期性作用	29	气压或液压	39	惰性环境
10	预先作用	20	持续有效作用	30	软壳或薄膜	40	复合材料

二、创新原理详解与应用实例

1. 分割（segmentation）

基本思路： 化整为零。整体难以实现某功效时，通过整体的分割来实现。

实现途径：

（1）将物体分成相对独立的部分（化整为零）。例如，火车每节车厢是相对独立的个体，可根据旅客人数的多少调整车厢的数量；圆珠笔的笔心与笔套是两个可分的部分，笔心用完后可以换；将电脑硬盘分割成相对独立的区域（C盘、D盘、E盘等），可以方便文件分区管理。

（2）使物体成为可组合的（易组装、可拆装）。例如，组合式家具、组合式积木、组合地板、组合工具、分体式空调、可脱卸式羽绒衣、组合式拖把、可组装枪等；带接口的消防水管，可根据需要将一段段消防水管串接起来，方便远距离救火；电池可分离的手提电脑，在能使用交流电的场合可不带电池，大大减轻电脑重量。

（3）增加物体的分割程度（细分）。例如，用百叶窗代替整块窗帘布，达到既能遮光又能透光的效果；电子线路板表面贴装技术中，使用粉末状的焊锡代替传统焊锡丝和焊锡条，以提高焊接的透彻程度。

【奥运会活体字模表演】

在2008年北京奥运会开幕式上，展现我国四大发明之一的活字印刷表演是大受欢迎的一个节目。该节目将整个演出场景分割成896块活体字模，通过每块活体字模的变换组合，相继变化出古体和现代汉语的"和"字，以及水波纹、长城、山桃花等造型，气势恢弘又充满创意。

与开幕式许多表演使用的高科技相比，活体字模的操控方式显得原始而简单。每个字模道具包含两层分离的字模筒，中间是一个可以张合的活动机关。每个字模筒内藏有一个演员，用来操控字模筒。演员在拉动机关时,外层字模筒便会上下滑动,而内层的字模筒则保证在外层字模筒上升时,里面的骨架和演员不会"穿帮"。每个字模道具高2米多,操控装置采用"剪刀叉"设计,运用杠杆原理减轻演员操控时所需的力度。在表演时,演员可以在1秒钟内轻松地将外层字模筒升高到4米左右,完成所需要的动作。

由于每个字模道具都是封闭的,演员们看不到其他同伴,没有参照物和提示,这加大了表演的难度。导演组为每个字模单独编写了一套口令,这些口令精确到每一秒。演员们需要做的就是根据自己所在字模的口令,在预定的时刻完成预定的动作,实现预期的效果。

图4-2 北京奥运会开幕式上的字模表演

2. 提取(extraction)

基本思路: 去除有害因素,利用有益因素。

实现途径:

(1) 将系统中无用的、产生负面作用的部分或特性提取出去。例如,分体式火箭在冲出大气层的过程中,将已经燃完燃料的部分解体分离;石油加工过程中,将油渣或其他有害物质提炼分离,以获得较高纯度的汽油或柴油。

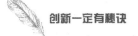

（2）将系统中有用的、产生正面作用的部分或特性提取出来。例如，用狗叫声作为报警器，而不是养一条真的狗。

【悬丝诊脉】

悬丝诊脉，古已有之。人如果身体有什么不适，都会在脉搏的跳动中显示迹象。只不过古代医师通常都是用手指搭脉，而给女病人看病时，为了避嫌改用丝线系在女病人的腕上，医师拿住丝线的另一头，靠感觉丝线上传过来的脉搏跳动规律来判断诊治。

3. 局部改善（local conditions）

基本思路：当整体不能或不易改变时，通过局部改变，提高整体功效。

实现途径：

（1）将物体或环境的同类结构转变为异类结构（同中求异）。例如，用变化的温度、压力代替恒温、恒压等。刀的刀刃部分用硬度高、耐磨的好钢制成，刀的其他部分用一般的钢，在降低成本的同时保证刀的质量。

（2）使组成物体的不同部分具有不同的功能（功能各异）。例如带起钉器的订书机。

（3）使组成物体的每一部分都处于最佳状态，以最大限度地发挥各部分的作用（局部优化）。例如袜跟加厚的袜子。

【厕所与饭店】

某老板在国道边开了一家饭店，一心想赚过往旅客的钱。但开业后饭店生意并不景气，眼看着众多车辆经过，却很少有人光顾他的饭店。于是他便在饭店旁边建了一个非常醒目、漂亮的厕所。结果许多司机和乘客纷纷停下车来方便，也就顺便光顾了他的饭店。

4. 不对称(asymmetry)

基本思路：通过不对称设计，产生不同效果。

实现途径：

(1) 以不对称形状取代对称形状（变对称为不对称）。例如，公路急转弯处地面设计成外高内低，有利于消减离心力，防止交通事故的发生；电器的插头插座、电脑的 USB 接口等设计成不对称形状，确保不会插错。

(2) 如果物体已经不对称，则增加其不对称的程度（变不对称为更不对称）。对称性设计是传统设计中常采用的形式。事实上，设计中很多矛盾冲突都与对称性有关，将对称设计改为不对称设计，往往能有助于问题的解决，取得创新的效果。

【不对称轮胎花纹】

轮胎花纹的形状有很多，如条形花纹、羊角花纹、块状花纹等，一般是对称设计的。图 4-3 则是一种不对称花纹的轮胎，这种轮胎胎面左右两侧花纹的形状不同，有利于增大转弯时轮胎外侧的抓地力，可以提高汽车高速转弯的能力。

图 4-3 不对称花纹轮胎

5. 合并(consolidation)

基本思路：通过组合求创新，产生组合前达不到的效果。

实现途径：

(1) 合并空间上关联的物体或操作。例如，沙发床将沙发和床的功能合为一体，达到一物两用和节省空间的效果；房间的窗户安装双层玻璃，实现隔音、隔热效果。

(2) 合并时间上关联的物体或操作。例如，冷热水龙头将原来的冷水和热水两个龙头的功能合并，可通过转动龙头方便地调节出水温度。

【玻璃磨角】

一家玻璃厂接到一批订单,需要生产大量椭圆形的玻璃板。

工人们首先将玻璃切成长方形,然后再将四个角磨成圆弧形以得到椭圆形的玻璃板。然而,在磨削过程中出现了大量玻璃破碎的现象,原因是玻璃受力时很容易断裂。

最终的解决方法是基于合并原理。工人们先在每块玻璃上洒一些水,然后将多块玻璃板叠放在一起。玻璃由于水的作用而粘合成一体,其强度远大于单层玻璃。在磨削过程中,叠层玻璃能承受较大的磨削力,从而大大减少玻璃破碎现象,也极大地提高了工效。当磨削加工完成后再将玻璃分开,便可得到所需产品。

6. 多用性(universality)

基本思路: 集多种功能于一身(一物多用)。

实现途径:

(1) 使一个物体同时具有多种不同功能,以减少完成这些功能的物体的数量(多功能)。例如,集打印、复印、扫描、传真功能于一体的电话机;具有洗发、护发功能的二合一洗发露;既方便近距离阅读、又方便看远处景物的双焦距眼镜等。

(2) 一个物体可用于多个不同场合(普适性)。例如,婚纱、礼服等婚庆用品结婚只用一次,通过出租可使其"循环"使用。

设计"一物多用"产品时,应该至少考虑以下几点:"多用"中的每个用途是否恰当和完整;它们之间的转换是否容易;增加转换功能后,每个功能是否能做到实用和耐用。

【钱包皮鞋】

在普通皮鞋面料下多加一层衬里,便可作为钱包使用。当外出旅游或出差时,把钱放入鞋内小包中,可保万无一失,小偷难以施展伎俩。不过记住千万不要随意脱鞋。

7. 嵌套(nesting)

基本思路:分层、套装。

实现途径:

(1) 将第一个物体嵌入第二个物体中,然后将第二个物体嵌入第三个物体中,依此类推。例如,电脑的文件夹中有若干个子文件夹,每个子文件夹中又有多个文件夹。

(2) 让一个物体穿过另一个物体的空腔。例如,拉杆天线、伸缩式教鞭、钓鱼竿、照相机的变焦镜头等。

【俄罗斯套娃】

俄罗斯套娃是俄罗斯的特产木制工艺品,一般由多个相同图案的空心木娃娃一个套一个组成,最多可达十多个。

图4-4 俄罗斯套娃

8. 配重(anti-weight)

基本思路:质量补偿,借助外力抵消或补偿。

实现途径:

(1) 通过物体与具有提升力的另一物体的组合来平衡物体重量。例如,用气球悬挂广告条幅;潜艇通过排放水来实现升浮。

(2) 通过物体与环境(如气体或液体)相互作用产生的动力来平衡物体重量。例如,飞机机翼的形状可以使其上部空气压力减少、下部空气压力增大,由此产生升力;磁悬浮列车通过磁力的相互排斥作用使列车车厢悬浮,从而减少摩擦阻力、提高车速。

(3) 利用环境中可取得的相对力量,平衡系统中的有害作用(负面属性)。例如,滚筒洗衣机中设有配重块,可以防止洗衣机高速转动时的不稳定;起重机的配重,可防止起重机出现头重脚轻而翻倒的情况。

【阿基米德桥】

当人们需要跨越某个水域时,往往有多种选择。比如从上海的浦西去浦东,可以选择坐轮渡、过桥、过隧道等。尽管桥有浮桥、悬索桥、斜拉桥、拱桥等形式,隧道又有沉管隧道和盾构隧道等形式,但都是要么从水面上通过,要么从水底或地下通过。人们不禁要问:为什么不能直接从水中穿过呢?如果能够像鱼儿一样直接在水中穿行,将是一件多么美妙的事情。

1966年,英国工程师格兰特首次提出建造水中悬浮隧道的想法,并申请了专利。水中悬浮隧道又叫阿基米德桥,其建造方法与在地下埋管道相似,不同的是,地下管道借助土壤支撑,而水中悬浮隧道借助的是水的浮力。由于管道中间是空的,整个管道体积很大,可以获得很大的浮力,形成一条悬浮在水中的隧道。

对于浮力大于重力的阿基米德桥,它和水底的连接方式与一般桥相反,需用缆索或其他方式将隧道固定于水底和两岸,以防隧道浮出水面。阿基米德桥横截面可以为椭圆形或圆形,长度可达几千米,宽度可达几十米,可通行汽车,也可建成多通道,同时通行汽车和火车。

作为一个创新的概念,阿基米德桥具有现有桥梁和隧道所不具备的优势和特点:它十分符合环保要求,对两岸地貌的影响非常小,不破坏景观,不影响水面交通,受台风影响小,可有效对抗地震。此外,阿基米德桥还有一定的旅游价值。据报道,中科院力学所已和意大利阿基米德桥公司共同建立中意阿基米德桥联合实验室,对阿基米德桥进行科学研究,并计划在浙江千岛湖水域建造世界上第一座"阿基米德桥"。

9. 预先反作用(prior counteraction)

基本思路:欲取先与,有作用就有反作用,有压迫就有反抗。

实现途径:

(1) 预先施加反作用或反操作。例如,安眠药外覆催吐剂,如果一次吞过量时就会造成呕吐;运动会上赛跑用的助力器,运动员利用它对脚的反作用力提高加速度。

(2) 如物体将处于受拉伸状态,则预先施加压力,反之亦然。例如,在浇注混凝土前,对钢筋进行预压处理;步枪的预压弹簧,可降低后坐力。

【压力式果核壳仁分离法】

在农产品的加工过程中,常遇到需要将果肉与果核快速有效分离的问题。例如,加工辣椒时,需要去除辣椒的籽和蒂。传统人工剥离的方法效率太低,并且容易破坏果肉的完整性。

有人从制作爆米花的方法中得到灵感,先将辣椒置于密闭容器中,然后使容器内的压力由1个大气压逐渐加大到8个大气压,接着再将压力突然降到1个大气压。容器内压力的骤变,使辣椒果实内外产生巨大的压力差,导致其在最薄弱的部分产生爆裂,使果肉与果核顺利分离。

该方法除可成功地去除青椒的籽和蒂外,还可用在松子、向日葵、栗子、核桃等的果核壳仁分离,以及沿微细裂纹切割钻石等具体问题中,只是分离不同的材料所需的压力不同而已。

10. 预先作用(prior action)

基本思路:提前行动。

实现途径:

(1)预先完成部分或全部有用的作用或操作。例如,衣服采用预缩水处理;易拉罐带有拉环方便打开;药片上带有沟槽,便于将药片分成半颗;带胶水的邮票、不干胶黏贴纸方便使用。

(2)预先安置物体或系统,便于它们在第一时间发挥作用。例如,停电应急灯、火灾报警器、防盗报警器等;手机预设单键快拨号码。

【带易拉环的啤酒瓶盖】

图4-5 带易拉环的啤酒瓶盖

喝瓶装啤酒最大的不方便应该就是开瓶了,没有开瓶器时只好用筷子撬、用桌角磕,甚至用牙咬,有时一不小心把瓶口弄破了还可能伤到嘴巴。这款采用易拉环的啤酒瓶盖,可以解决开瓶问题。把易拉罐的拉环设计借鉴到玻璃瓶的瓶盖上,于是,瓶装啤酒也"易拉"了。

11. 预先应急措施(cushion in advance)

基本思路:未雨绸缪,提前做好应对的准备。

实现途径:以事先准备好的应急措施补偿系统相对较低的可靠

性。例如,宇宙飞船与宇宙空间站的对接有自动控制和手动控制两种方式,后者是对前种方式的补偿,有利于大大提高交会对接的可靠性和成功性;高压锅的安全排气阀,汽车的安全气囊和备胎,飞机座位上方的备用降落伞等。

【危险的冰柱】

在北方冬天时,房子上的排水槽和排水管里会形成坚硬的冰柱,有的长达数米。当春天到来时,排水管受阳光照射,吸收的热量首先融化冰柱的外表。当融化到一定程度时,冰柱会在重力作用下从排水管中滑落,撞破排水管的弯头,有时冰柱碎块会从排水管中飞出,扎伤路过的行人,造成危险。

一个基于预先应急措施原理的解决方案是:在冬天来临之前,在排水管里穿进一根绳子,冰柱中的绳子可有效防止冰柱滑落,保证其渐渐地消融。

12. 等势(equi potentiality)

基本思路:平等。

实现途径:不易或不能升降的对象,通过外部环境的改变达到相对升降的目的,避免物体位置的改变。例如,火车的车门底部与站台地面相平,可方便旅客上下车;有些门让人们搞不懂应该是推还是拉,这样的场合可设计成推拉门;汽车底部检修时,在地面设置凹槽,将汽车停在凹槽上方,检修员就可以在凹槽内方便地检查汽车底盘。

【一米一视野】

日本NHK电视台曾经制作过一部名叫"一米一视野"的影片,内容是报道小学一年级学生的就学与日常生活情况。

因为小学一年级学生的眼睛高度平均在1.1米左右,所以影片的名称就叫"一米一视野"。记者在拍摄学生上学、放学、居家生活以及街景、学校等镜头时,摄影机的镜头全部定在1.1米的高度。

结果发现:小学生因为个子矮,走在街上买不到热狗;想打电话,却因够不到投币孔、拿不到话筒而放弃;有些小学生住在高楼大厦里,放学回家因按不到电梯按键,只好爬楼梯……

节目播出后,引起全日本的热烈反响。以往各贩卖架、公用电话、电梯按键等,只从大人的角度去设计,从未考虑到儿童的立场。从此之后,日本在兴建公共设施时,逐渐考虑到儿童与残障人员是否方便。

13. 反向(inversion)

基本思路:反其道而行之。

实现途径:

(1) 颠倒以往解决问题的办法。例如,拆卸处于紧密配合的两个零件时,采用冷却内部零件的方法,而不是加热外部零件,两者可达到同样的目的。

(2) 使物体的固定部分变为活动的,使物体的活动部分变为固定的。例如,电梯的发明改变了楼梯不动、人费力爬楼的艰难。

(3) 将物体、过程或程序颠倒。例如,安装螺丝钉用的手持机器,正转是安装,反转是拆卸;热源在锅盖上的电煎锅,可大大减少油烟。

【锥体上滚】

锥体上滚是针对机械能转换和守恒而设计的一个趣味科学实验。实验装置包括V形轨道和双圆锥体,如图4-6(a)所示,V形轨道开口端高、闭口端低,将双圆锥体置于V形轨道的低端,锥体会自动向 V 形轨道的高端滚动,形成"怪坡"现象,由此激发学生的好奇心和求知欲。仔细观察可发现,实际上在锥体上滚过程中其质心(转轴)的高度是逐渐下降的。

笔者运用反向原理发明了另一种锥体上滚仪,如图 4-6(b)所示,将 V 形轨道改为闭口端高、开口端低,双锥体的形状也与图 4-6(a)中相反,由两个相同锥体在较小端连结合构成。新的双锥体也会自动从 V 形轨道的低端向高端滚动。

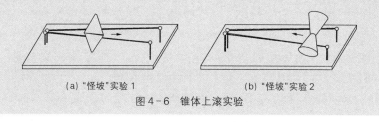

(a) "怪坡"实验 1　　　　　(b) "怪坡"实验 2

图 4-6　锥体上滚实验

14. 曲面化(spheroidality)

基本思路:化直为曲。

实现途径:

(1) 用曲线代替直线,用曲面代替平面,用球体代替立方体。例如,建筑中的拱形石库门结构,可增加建筑结构的强度。

(2) 利用滚筒、滚轮、球、螺旋等结构。例如,螺丝钉与螺帽采用螺旋相接,增加了结合力和稳定性;鼠标利用滚球、滚轮的转动,控制光标的移动。

(3) 用旋转运动代替直线运动,利用向心力和离心力。例如,过山车采用急剧曲线运动产生的向心力,使其不会掉下来;洗衣机利用旋转产生的离心力脱水。

【台湾彰化扇形车库】

建于1922年的彰化扇形车库位于台湾铁路山线及海线交汇处、台湾西部干线的中间点。它是一个半圆弧状的车库,其主要功能是用于停放火车头并对它进行维修、保养、调度等,因而有"火车头旅馆"的昵称,是蒸汽机车时代的见证。

彰化扇形车库中间设一个转车台,四周有呈辐射状的12条轨道,轨道的一端是一间间编有号码的呈扇形分布的长型车库,用于停放火车头。中间的转车台用来控制火车头的行进方向。当有机车要开进车库时,转车台就先转到开进车库的轨道,让机车开到转车台上,然后由人工控制转车台转动到要停放的轨道方向,再将机车开进车库中。

该转车台还有另外一个功能:以前用的蒸汽机车不像现在的电力机车两端都有驾驶室,所以开到终点后就必须调头。这时只要将机车开上转车台,转180度就可以调头了。

1991年台湾铁路电气化之后,扇形车库的功能日益减退,彰化扇形车库已成台湾唯一保存下来的扇形车库和文化古迹。目前仍担负着部分调度角色。

(a) 中间的转车台

(b) 扇形分布的车库

图4-7 台湾彰化扇形车库

15. 动态化（dynamic）

基本思路：以动制静。

实现途径：

（1）使物体或环境自动调节，随时达到最佳状态。例如，当上课或下课时，学校用的电铃自动打铃；飞机的自动导航仪。

（2）将物体分成几个部分，各部分位置可相对变化并相互配合。例如，电脑、电视机显示器的托盘支架，可以调整显示器的位置与方向；翻斗卡车的翻斗可以用液压装置顶起，翻斗一翘，货物即可卸掉。

（3）使不动的物体变为可动，或具有自适应性。例如，汽车上的可调式方向盘、座椅、后视镜，能根据车速和雨量自动调节刮雨速度的雨刮器；公园等公共场所的板凳若被雨淋湿，可旋转至干燥的一面。

（4）增加物体的自由度。例如，可任意弯曲的"蛇形灯"，可任意弯曲的笔等。

【礼貌雨伞】

雨天撑着雨伞在拥挤的道路上与别人擦肩而过时，雨伞经常会互相碰在一起"打架"。图 4-8 为一款可伸缩自如的"礼貌雨伞"，有了它你就不必担心这种情况的发生。

(a) 正常情形

(b) 拉下绳索后

图 4-8 礼貌雨伞

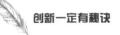

这款雨伞通过设计在把手上的下拉绳索,可以自由控制伞面的曲度以改变伞的面积。当你与别人擦肩而过时,只需将绳索轻轻一拉,雨伞的边缘就会缩回,腾出一些地方,避免与别人碰擦,而且可以根据需要选择拉下一边还是整个都拉下。

16. 不足或过量作用(partial or excessive action)

基本思路: 多或少。

实现途径: 如果很难达到100%的理想效果,则使用较多一点或较少一点的做法来使问题简化。例如,要测单张纸的厚度时,可以先测100张纸的厚度,然后除以100;驾驶车辆时,车速控制在比道路最高限速稍低一点,确保不会因速度表误差等原因超速而被罚款;拍摄照片时曝光不足或曝光过量,有时都能产生特殊的摄影效果。

【先少后加】

有30亿资产的美国妇乐公司副总裁艾丽荷·巴伦,年轻时曾当过一家糖果店的售货员,顾客特别喜欢找她买东西。其实原因很简单,别的售货员称糖果时起初都拿得太多,然后一颗颗将糖果从秤上往下减,而她则是先少拿,然后一颗颗再往上加。这一加,满足了顾客的购物心理。

17. 多维法(shift a new dimension)

基本思路: 变换维度。

实现途径:

(1) 变一维为多维。例如,旋转楼梯、立交桥等。

(2) 多层代替单层。例如,学生宿舍的双人床,多层蛋糕,千层饼,三夹板,立体停车场等。

(3) 倾斜或侧向放置。例如,可调节倾斜度的凳子,自动装卸车等。

(4)利用物体的另一面。例如,印刷电路板两面都用来焊接电子元件,这要比单面焊接节省面积。

【长在空中的西瓜】

原本长在地上的西瓜却长在了空中。中国寿光国际蔬菜科技博览会上,一只只西瓜犹如灯笼似的挂在空中,吸引了众多人的眼球。

图4-9 长在空中的西瓜

18. 机械振动(mechanical vibration)

基本思路:通过振动,产生变化。

实现途径:

(1)利用振动、摆动。例如,手机的振动提示;超声波清洗器利用振动去除物体表面的污物;振动甩脂机利用振动甩掉身上的脂肪。

(2)利用物体的共振频率。例如,使用脉冲频率与被断开木材的固有振动频率相近的工具,可以减少工具进入木材所需的力,这是一种无锯末断开木材的方法;利用超声共振粉碎胆结石或肾结石。

(3)改变振动产生的方式。例如,利用压电振动替代机械振动,将超声波振动与电磁振动配合使用;石英晶体振动驱动高精

度表。

（4）改变物体的振动频率。

【老师听不见的手机铃声】

2006年度"搞笑诺贝尔奖"的和平奖颁给了英国梅瑟蒂德菲尔地区的科学家哈沃德·史泰波顿。他根据青少年与成年人听觉范围的不同，研制出一种装置，这种装置可以发出一种只有青少年能听到、但大多数成年人却听不到的高频声音。利用这一技术，他发明了一种商家用来驱赶不良青少年的高音喇叭。成年顾客可以不受干扰地在商店内购物，但不良青少年却因为声音刺耳而逃之夭夭。

此外，他又用同一原理发明了一种只有青少年能听到、而老师却听不到的手机铃声。这种神奇的手机铃声能发出14 400赫兹左右的高频声音，并可以从网上下载。这样学生在上课时如果有来电，老师会毫无察觉。

19．周期性作用（periodic action）

基本思路： 用周期性作用替代其他作用。

实现途径：

（1）用周期性动作或脉冲取代连续动作。例如，警车、救护车的笛声交替变化，代替连续的声音，更能引起人们的注意；报警灯一闪一闪，比持续发光更引人注目；浇灌农田、草地的喷水龙头旋转喷水；手机的闹铃可在每天的固定时间响一次。

（2）改变周期性动作的频率。例如，马拉松长跑、竞走等属于周期性运动项目，在参加这些运动项目时，因人而异调整步伐的大小和动作的频率，有利于达到最佳锻炼效果和提高比赛成绩。

（3）利用动作的间隙执行另一动作。例如，汽车的ABS刹车系统，自动采取一松一紧的方式，逐步使车轮停止转动。

【清除飞机跑道上的积雪】

在下大雪的时候,机场往往用强力鼓风机来清除跑道上的积雪。但是,如果在积雪量很大的情况下,强力鼓风机往往也不能有效地清除积雪。这时需要提高鼓风气流的速度,即为鼓风机提供更大的动力。

一种更为有效的方法是利用周期性动作原理,在鼓风机上增加脉冲控制装置,让空气流按照一定的脉冲频率排出。这种脉冲气流的除雪效率是相同功率、连续气流除雪效率的两倍。

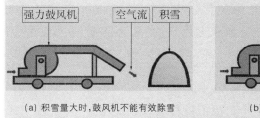 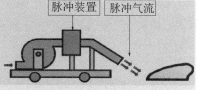

(a) 积雪量大时,鼓风机不能有效除雪　　(b) 使用脉冲装置能更有效除雪

图 4-10　增加脉冲控制装置有效除雪

20. 持续有效作用(continuity of useful action)

基本思路: 用持续作用替代其他作用。

实现途径:

(1) 不间断的连续作用,系统的所有部分一直处于满负荷工作状态。例如,超市的电梯为保证顾客能够及时疏散与方便,采用连续性工作;工厂里的一道道生产线连续运转,保证企业效率;餐桌上的电动转盘可以慢速连续转动,方便食客。

(2) 消除空闲的、间歇的行为。例如,出租车白班、夜班交替工作;滚筒式油漆刷代替往复式油漆刷;打印机的打印头在回程过程中也进行打印;双面玻璃清洁器可同时擦玻璃的内外两面;一种双面锯在锯条的两边均开有锯齿,在推、拉锯子时都能锯东西,效率提高一倍。

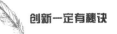

(3) 用旋转的动作取代前后往复运动。例如,宾馆的旋转门。

【太阳能自动跟踪发电站】

我国 2006 年底在济南建成 100 千瓦自动跟踪并网太阳能电站。太阳跟踪器安装在太阳能光伏装置上,能自动根据太阳光的位置,驱动电机带动机械转动机构始终跟随太阳位置运动。从而延长聚集太阳光时间,并提高聚光效率,确保持续有效发电,大大提高发电能力。

目前世界上最大规模的跟踪式太阳能发电站 2008 年 10 月在韩国全罗南道新安郡智岛邑建成。该电站占地面积 67 万平方米,安装有 13.065 6 万块太阳能电池板,发电规模为 24 兆瓦,所发电力可供一万户家庭使用。

21. 紧急行动(rushing through)

基本思路:当要实现某个目标但过程有害或危险时,可快速完成过程。

实现途径:

(1) 快速执行一个危险或有害的作业。例如,在十字路口横穿马路时,应在绿灯亮的情况下快速通过,以免在通行一半的情况下变灯发生危险。

(2) 高速跃过某过程或个别阶段(如有害的或危险的)。例如,照相机使用闪光灯时高速闪烁,避免给人眼造成伤害。

【"磁速"网球拍】

菲舍尔公司推出的"磁速"网球拍不但不会限制你的正手击球,反而能击中最有效的击球点。在正常击球时,球拍的结构在恢复前会稍微变形,然而,一旦拥有"磁速"网球拍,安装在拍头两侧的两个单极磁铁有助于加快球拍恢复的速度,这样,球就有了更大的力量可以弹回到球网的方向。德国网球选手格罗恩菲尔德和其他著名选手都使用这种球拍进行比赛。磁铁的作用就是使球拍在瞬间恢复原位的紧急行动。

22. 变害为益(convert harm into benefit)
基本思路：通过某种过程或某个方法把有害的变为有益的。
实现途径：
（1）利用有害因素（特别是介质的有害作用）获得有益的效果。例如，将可能污染环境的废旧物品回收，加工后重新利用。
（2）通过有害因素与另外几个有害因素的组合来消除有害因素。例如，利用粪便和生活垃圾产生沼气。
（3）将有害因素加强到不再是有害的程度。例如，带轮的打滑本来是有害的，但在过载时能起到保护带的作用。

【二氧化碳变害为益的用途】

每年全世界排出的二氧化碳量高达200亿吨，其中发电厂排出二氧化碳的量约占27%，由工厂排出的占33%，机动车排出的占23%，一般家庭排出的占17%。大气中二氧化碳浓度的不断增加，一是会加剧温室效应，二是生态平衡遭到严重破坏，引起一系列生态环境问题。为了彻底解决上述问题，可通过以下方法使二氧化碳变害为益、变废为宝。

二氧化碳是良好的致冷剂。固体二氧化碳具有比冰块更有效的致冷效能。干冰（CO_2）的升华潜热是590.34焦耳每克，而冰的升华潜热是333.56焦耳每克，此外，它比冰的致冷温度低50多摄氏度，吸热后即升华为气体逸出。当固体二氧化碳加热至－17.8℃时，其中原有的总有效致冷效能还有86%留于二氧化碳中，15%留在蒸汽中。不仅冷却速度快，操作性能良好，不浸湿产品，不会造成二次污染，而且投资少，节省人力。

二氧化碳可用于蔬菜、瓜果的保鲜贮藏。目前,二氧化碳气调冷藏已在欧美、日本、澳大利亚等国家用于对苹果、梨、香蕉、柑橘和一些热带水果的贮藏。二氧化碳气调法通过降低空气中氧气的分压从而提高二氧化碳的分压,并使这两种气体相对稳定于一定分压下以达到抑制瓜果的呼吸强度、减弱其新陈代谢、阻止发芽、延缓后熟老化作用。同时,二氧化碳还可抑制微生物的活动,是一种不添加任何防腐剂的保鲜物质。

二氧化碳还可用于粮食的贮存,它比通常所用的熏蒸剂效果更好。如美国艾尔科大米公司的试验结果表明:二氧化碳能穿透500吨大米的贮存库。在通入该气体24小时后发现,供试验用的大米里生长的成虫死亡99%。研究还表明,该气体不仅有优异的杀虫灭鼠性能,而且防潮防霉,可省去翻晒所需的大量人力物力。

23. 反馈(feedback)

基本思路:通过被控制的过程对控制机构的反作用来影响这个系统的实际过程或结果。

实现途径:

(1) 进行反向联系。例如,驾驶室中的各种仪表将车辆所处的行驶状态反馈给驾驶员,以方便驾驶员操作车辆。

(2) 如果已有反向联系,则改变它。例如,自动温控装置在达到设定的温度时,把信息传递给控制器使设备停止工作;反之,启动设备开始工作,以达到自动控制温度的作用。

【聪明绳索】

任何一个消防队员或者攀岩者都可以告诉你,一条简单的绳子可以救你的命,条件是它不要磨损或突然断裂。如今科学家研制出"聪明绳索",这种智能绳索里面织有电子传导金属纤维,可以判断它所承受的重量,如果重量太大,它无法承受,绳脖就会向使用者发出警告。智能绳索还可以用于停泊船只、保护贵重物品或者用于营救行动。

　　聪明绳索就是在普通绳索上增加了反馈,从而提高了安全性。

24. 中介物(mediator)

基本思路: 当无法直接达到某种目的或某个结果时,可以通过一个中间过程或中介物起传递的作用。

实现途径:

(1) 利用中介物质传递某一物体或过程。例如,利用托盘将热杯子托起,避免烫伤;端菜的时候可以把菜放在托盘上,这样一次可以同时端几盘菜,既稳又提高效率。

(2) 在原物体上附加一个易拆除的物体。例如,提升物体时装一个动滑轮,可以省力,不需要时可以把它拆除。

【斜面坡度测量仪】

　　图4-11是作者利用重力特点、以重力作用下的指针为中介物设计的一种斜面坡度测量仪,由底座、转轴、指针、刻度盘等组成,指针中部固定在转轴上,指针尾部连结一重物,刻度盘位于以转轴为圆心的圆周上。实际测量时,将底座放在待测斜面上,指针尾部的重物在重力作用下,带动指针绕转轴转动并稳定在竖直位置,此时指针所指刻度盘的读数,即为待测斜面的倾斜角。

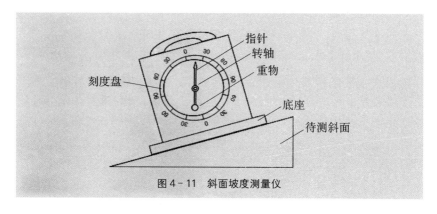

图4-11　斜面坡度测量仪

25．自服务（self service）

基本思路： 使物体通过执行辅助或维护功能为自身服务。

实现途径：

（1）物体应当为自我服务，完成辅助和修理工作。如可以自己充电的机器人。

（2）利用废弃的资源、能量和物质。例如，利用火炬燃烧时本身释放出的热量，设计增加回热管，用火炬的热量来加热燃气罐，这样就可以使丙烷始终保持一定的温度，保证火炬不熄灭。

【一键还原】

在电脑受到病毒破坏时，只要按下电脑上的"一键还原"键，电脑很快就可以恢复到出厂状态，这样就免去重装系统的烦恼，为用户提供了很大的方便。

26．复制（copying）

基本思路： 在原物或原系统难以实现的情况下，制造相似的复制品或复制环境。

实现途径：

（1）用简单而便宜的复制品代替难以得到的、复杂的、昂贵的、不方便的或易损坏的物品。例如，宇航员的模拟训练系统；公园中的微缩景观；售楼处的楼盘模型。

（2）用光学图像替代单件物品或系列物品，图像可以放大或缩小。例如，利用手机拍摄、传输照片或图像，极大方便地满足了人们的需要。

（3）可见光仪器可由红外线或紫外线仪器替代。如用卫星图像代替实地考察。

【宇航员模拟训练系统】

宇航员的选择要求和标准很高，对于选拔出来的宇航员还要经过相当长时间的训练，但这种训练不可能在实际过程中进行，这就需要有模拟系统来模拟特殊环境训练。例如，利用中和浮力模拟池进行失重训练；借助隔离舱进行航天生活环境训练；用弹射座椅、救生塔实施救生训练；置身森林、海水、沙漠锻炼生存能力；又如利用出舱模拟器进行出舱训练；在低真空的航天器模拟舱中熟悉操作内容，进行从起飞到着陆的全部飞行科目训练；将飞行程序和其他类别的操作综合起来训练，在飞行中与地面通信联络，应对紧急状态和故障等。

27. 替代（dispose）

基本思路：用低成本的或虚拟的复制品替代原物。

实现途径：

用便宜的物品代替贵重的物品，对性能稍作让步。例如，一次性水杯代替陶瓷、金属水杯，省去清洗还卫生；用塑料制作的假花或盆景代替鲜花或用鲜花制作的盆景，可以长期使用，利于清洗。

【模拟警察代替真警察】

警察不可能全天24小时或在任何气候条件下都在路边或路口执勤，于是就出现了代替真人警察的在路边或路口"执勤"的模拟警察。但早期的模拟警察大都是用水泥或其他材料塑个身子骨,再刷一层漆当衣服,而这样的"稻草人"起不到交警纠正违章、指挥交通的作用,风刮雨淋后还会衣衫斑驳、遍体鳞伤。如果用动态模拟警察,可进行视频录像、图像抓拍、雷达测速、识别车牌,还可自由挥动带有指示灯的指挥棒指挥车辆的停和行。

28. 机械系统的替代(replacement of mechanical system)

基本思路: 在系统设计原理方面用其他原理代替力学原理。

实现途径:

(1) 用光学、声学、味学等设计原理代替力学设计原理。例如,感应水龙头利用光学原理替代力学原理,省力的同时节约水资源;感应门也是利用光学感应来开门,方便省力。

(2) 用电场、磁场和电磁场同物体相互作用。例如,电磁炉的工作原理就是用电场、磁场和物体相互作用来加热食物。

【声光控开关】

楼道内常用的照明灯的声光控开关就是应用这个原理,它主要由一个感光元件加上一个感声元件组成:感光元件长开,天黑没光时闭合;感声元件当有人走过楼道有声音时开启灯光,一定时间延迟后自动关闭,既方便又节能。

29. 气压或液压(pneumatic or hydraulic construction)

基本思路: 在压力较大时为了减小震荡可用气压或液压的原理代替。

实现途径:

(1) 用气体结构和液体结构代替物体的固体部分。例如,消防救生用的充气气垫;汽车的液压减震器;又如高档球鞋的鞋底中使用气垫,能够给脚部提供很好的缓冲。

【安全气囊】

　　使用安全气囊来保护汽车乘员的想法最先产生于美国。1952年美国汽车生产者联合会就阐述了这种汽车安全系统的必要性。通常在家用小轿车上至少装有两个安全气囊,一个安装在驾驶盘上,一个安装在前排乘员的前面。有的汽车还装有侧面气囊,它或者装在车门上,或者装在座椅靠背上。气囊用尼龙制成,材料厚度为0.45毫米。为了保证气囊的气密性,在其内表面涂覆薄薄一层合成橡胶或硅橡胶。在气囊的内表面固定有专门的带子,这些带子在气囊充气时能使其保持一定形状。气囊侧面设有许多孔,这些孔用来快速从气囊中排出气体。这点十分重要,否则,人会被气囊推向后面或被气囊挤住而受伤。

30. 软壳或薄膜(flexible films or thin membranes)

基本思路:为了增加柔性等条件可将原刚性的结构设计成软壳或薄膜。

实现途径:

(1) 利用软壳和薄膜代替一般的结构。例如,奥运会"水立方"游泳馆的外形结构;太阳能薄膜电池等。

(2) 用软壳和薄膜使物体同外部介质隔离。

【水上步行球】

　　游乐园中的水上步行球将人体与水隔离,使人能够体验在水中行走的乐趣。

31. 多孔材料(porous materials)

基本思路:使物体变为多孔或加入多孔性的物体。

实现途径:

(1) 把物体做成多孔的或利用附加多孔元件(镶嵌、覆盖等)。

例如,将煤块制作成蜂窝状,便于煤的充分燃烧,能够释放更多热量。

(2) 如果物体是多孔的,事先用相应物质填充空孔。例如,为了消除给电机输送冷却剂的麻烦,电机蒸发冷却系统的活动部分和个别结构元件由多孔材料制成,例如用渗入液体冷却剂的多孔粉末钢,在机器工作时冷却剂蒸发,从而保证了短时、有力和均匀的冷却。

【矿泉水设备中的多孔材料】

矿泉水设备是利用多孔材料的拦截能力,以物理截留的方式去除水中一定大小的杂质颗粒。矿泉水设备在压力驱动下,溶液中水、有机低分子、无机离子等尺寸小的物质可通过纤维壁上的微孔到达膜的另一侧,溶液中菌体、胶体、颗粒物、有机大分子等大尺寸物质则不能透过纤维壁而被截留,从而达到筛分溶液中不同组分的目的,矿泉水设备产出来的水就是我们通常所说的矿泉水。

32. 变色(changing the color)

基本思路:为了方便观察或引起注意,可以通过改变物体颜色或采用荧光粉的方法。

实现途径:

(1) 改变物体或外部介质的颜色、透明度。例如,彩色荧光棒;在街道上经常看见的荧光灯等。

(2) 为了观察难以看到的物体或过程,利用染色添加剂;如果已采用了这种添加剂,则采用荧光粉。例如,交通警察的警服通常添加明显标志和荧光粉,有利于在黑暗的环境中警察醒目、安全。

【高速公路的荧光牌】

大家都知道,高速公路上通常是没有路灯的。汽车晚上在高速公路上行驶全靠道路两旁每隔一定距离设置的荧光牌,荧光牌上面的漆或涂层或贴纸都由一些特殊材料组成,微观上看就是表面布满有无数极细小的透明玻璃球。它们的作用就是通过折射原理将某方向射来的光线沿来的方向反射回去,因此你的车灯照上去,它们把光向着你的方向反射回来,所以你就能看清路。但有趣的事情就是它只返回原来的方向,所以如果你旁边有行人的话,他就不会看见指示牌有反光的感觉,你觉得指示牌亮,他却没感觉。

33. 同质(同化法)(homogeneity)

基本思路: 两个相互作用的物体采用相同或相近性质的材料制成以达到最佳效果。

实现途径:

(1) 同指定物体相互作用的物体应当用同一(或性质相近的)材料制成。例如,用金刚石来切割钻石;螺丝与螺帽为保证耐用性与稳定性,采用同一种钢材料。

【固定铸模方法】

获得固定铸模的方法是用铸造法按芯模标准件形成铸模的工作腔。其特征是为了补偿在此铸模中成型的制品的收缩,芯模和铸模用与制品相同的材料制造。

34. 抛弃与再生(rejecting and regenerating parts)

基本思路: 部分剔除无用的物体,并再生成有用的东西,以便重复使用。

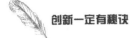

实现途径：

（1）已完成自己的使命或已无用的物体部分应当剔除（溶解、蒸发等），或在工作过程中直接变化。例如，自动铅笔的笔芯可以随时被折断，再按出新的笔芯；壁纸刀可以将不锋利的刀片抛弃，再推出新的刀片。

（2）消除的部分应当在工作过程中直接再利用。例如，塑料瓶回收消毒后可再次使用；将玻璃碎片回收制成新玻璃等。

【多级火箭】

随着人类逐渐进入深空探测和空间飞行器的功能增多，要求火箭具有更大的运载能力，因而出现了多级火箭。简单地说，多级火箭就是把几个单级火箭连接在一起形成的，其中的一级火箭先工作，工作完毕后与其他的火箭分开，然后第二级火箭接着工作，依此类推。多级火箭的优点是每过一段时间就把不再有用的结构抛弃掉，无需再消耗推进剂来带着它和有效载荷一起飞行。因此，只要在增加推进剂质量的同时，适当地将火箭分成若干级，最终可以使火箭达到足够大的运载能力。

35．性能转换（transformation properties）

基本思路： 改变物体的性质，这里包括的不仅是简单的过渡，例如从固态过渡到液态，还有向"假态"（假液态）和中间状态的过渡。

实现途径：

（1）改变系统的浓度、密度、温度或体积等物理状态。例如，人们发现液体胶水不便于使用和携带，于是发明了固体胶。

（2）改变灵活程度。例如，酒心巧克力、生活中用的洗手液等。

【"浴盆"形飞机降落跑道】

飞机降落跑道的减速地段建成"浴盆"形式，里面充满黏性液体,上面再铺上厚厚一层弹性物质,就是利用了性能转换原理来达到减速目的。

36. 相变(phase transition)

基本思路: 利用物体相态变化或形状变化时发生的现象产生需要的作用。

实现途径:

(1) 利用相变时发生的现象(如体积改变、放热或吸热)。例如,水凝固时体积膨胀;借助蜡烛的燃烧来获得光源;弹簧利用形状的改变举起重物;加湿器利用水蒸发来增加室内的湿度。

【热蒸发型加湿器】

热蒸发型加湿器又叫电加热式加湿器,其工作原理是将水在加热体中加热到100℃产生蒸气,用电机将蒸气送出,蒸气再凝结成水以增加室内的湿度。

37. 热膨胀(thermal expansion)

基本思路: 利用在升温或降温的过程中有膨胀或收缩的物料制成仪器,或利用物体的热胀冷缩原理解决问题。

实现途径:

(1) 利用物体热胀冷缩的性质。例如,温度计利用热胀冷缩的原理测量温度。

(2) 利用一些热膨胀系数不同的材料。例如,热气球因热膨胀而升空;利用热膨胀将扁的乒乓球恢复原样。

【利用热胀原理打开瓶盖】

当螺旋瓶盖拧不开时,可用电吹风或小火焰烘烤瓶盖周围

使其受热膨胀,再用干布包住瓶盖用力将其旋开。

38. 加速氧化(accelerated oxidation)

基本思路: 为了安全、杀菌、便于生产等需要,利用强氧化剂代替普通空气。

实现途径:

(1) 用富氧空气代替普通空气;用纯氧替代富氧空气。例如,潜水员用的氧气瓶;炼钢中使用的强氧化枪,利用纯氧提高火焰的温度,便于切割作业。

(2) 用电离辐射作用于空气或氧气,用臭氧替换离子化的氧气。例如,臭氧灭菌灯内的臭氧发生管在电场作用下,将空气中的氧气转换成高纯臭氧,依靠其强大的氧化作用而杀菌。

【高压氧疗法】

高压氧疗法是将病人置于高压环境中(高压氧舱内)吸氧以治疗疾病的方法,高压氧可提高血氧张力、增加血氧含量,使组织内氧含量和储氧量相应增加。血氧弥散及组织内氧的有效弥散距离的增加,可有效地改善机体缺氧状态,治疗因缺氧所导致的一系列疾病,如一氧化碳中毒、急性脑缺氧等。高压氧对血管有收缩作用,可减少血管渗出,改善各种水肿,如脑水肿、肺水肿、肢体肿胀、创面渗出等。高压氧对厌氧菌的生长繁殖有明显的抑制作用,故对气性坏疽等厌氧菌感染性疾病有良好疗效。高压氧对进入人体内的气泡有压缩作用,故对于减压病、气栓症等有特殊效果。此外,高压氧还可与放疗和化疗起协同作用,增强放疗和化疗对恶性肿瘤的疗效。

图4-12 我国目前容量最大的高压氧舱外观全景,该高压氧舱可同时供50人接受治疗

39. 惰性环境(inert environment)

基本思路: 在物体中添加惰性或中性添加剂,以使通常的环境转换为更安全的惰性环境或真空环境。

实现途径:

(1) 用惰性介质代替普通介质。例如,在电灯泡内充入惰性气体,防止灯丝过快氧化;油气弹簧以惰性气体氮作为传力介质等。

(2) 在真空中进行某过程。例如,真空包装食品可以延长保质期。

【高保真音响】

高保真音箱箱体内常处于急剧变化的高声压中,极易诱发杂音、谐振,造成音染,影响重放音乐的纯美,因此制作工艺十分重要。例如在箱内添加适量吸声材料,如超细玻璃棉、矿渣棉、纤维喷胶棉、真空棉,次者如泡沫海绵、棉絮、棉纸、柔软的卫生纸,有利于吸收声能,控制音箱Q值,同时减轻箱振。对于密闭箱,需塞满整个箱体;对于倒相箱,前后左右上下壁敷三指宽厚的吸声材料,并于监听时作适量增减,以恰好抑制谐振峰为准。

40. 复合材料（composite materials）

基本思路： 由两种或多种性质不同的材料通过物理和化学复合，组成具有两个或两个以上相态结构的材料，各种材料在性能上互相取长补短，产生协同效应，使复合材料的综合性能优于原组成材料而满足各种不同的要求。

实现途径：

用复合材料替代单一材料。例如，现在很多的新材料（如笔记本电脑的外壳、复合地板、合成橡胶轮胎等）都采用混合材料，可以增加强度、美观度和韧度等。

【复合材料在航空上的应用】

先进复合材料具有高强度、耐疲劳、多功能、各向异性和可设计性、材料与结构的同一性等优异性能，应用先进复合材料可以显著提高战斗机的作战性能。为满足新一代战斗机对高机动性、超音速巡航及隐身的要求，进入20世纪90年代后，西方的战斗机无一例外地大量采用复合材料结构，用量一般都在25%以上，有的甚至达到35%，结构减重效率达30%。应用部位几乎遍布飞机的机体，包括垂直尾翼、水平尾翼、机身蒙皮以及机翼的壁板和蒙皮等。如美国第四代战斗机F-22复合材料用量已达到24%，EF2000更是高达43%，EF2000除鸭翼外，机身、机翼、腹鳍、方向舵都采用复合材料，结构"湿润"表面的70%为复合材料，而F-35的复合材料几乎覆盖了整个飞机外表面。

创新思考题

4.1 汉语由汉字组合而成，同样几个汉字，如果组合的次序不同，表达的意思就可能有所不同甚至完全不同。请你将"羊吃山上小草"中的六个汉字改变组合次序进行重组，以产生相似或不同的意思

(如"小羊上山吃草"等)，列举六种以上不同的组合。

4.2 将事物一分为二的方法有许多(如用锯子锯、用手掰等)。请你再列举至少五种以上将事物分割的方法。

4.3 两种东西联结在一起的方法有许多(如用绳子捆、用胶水黏等)。请你再列举至少五种以上的联结方法。

4.4 利用给物体"充气"的方法，开发新产品，提出若干创新设想(如充气枕头等)。

4.5 利用将物体"伸缩"的方法，开发新产品，提出若干创新设想(如可伸缩的教鞭等)。

4.6 利用将物体"折叠"的方法，开发新产品，提出若干创新设想(如折叠自行车等)。

4.7 以"手表"为创新对象，利用组合原理，通过"以添促变"进行创新，提出若干个创新方案(如"手表＋指南针＝带指南针的手表"等)。

4.8 从创新的角度，说说田忌赛马的故事给你哪些启发？

【田忌赛马】

齐王与田忌赛马，每次都是田忌输，因为齐王每一等级的马都要比田忌的马优良。孙膑为田忌出主意，用田忌的下等马对齐王的上等马，中等马对齐王的下等马，上等马对齐王的中等马，结果田忌以二胜一负赢了齐王。

第 5 章
创新能力
——人人是创新之人

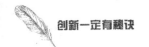
创新一定有秘诀

　　创新能力人皆有之。创新能力是创新素质的重要组成部分,培养和提高创新能力,使自己成为创新的强者,是每个创新者的意愿所在。

　　本章分析创新能力的特点和构成,结合案例重点介绍如何开发人的创新潜能,培养创新精神、观察能力、想象能力,以及发现问题、解决问题的能力,为创新能力的自我开发提供借鉴和参考。

§5.1　人人都有创新能力

一、什么是创新能力

　　创新能力是创新主体在认识与实践过程中表现出来的产生新的精神成果或物质成果的思维能力与行为能力的总和。

　　创新能力的这一表述包含了三层含义:

　　第一,从产生过程来看,创新能力是创新主体(个人或团体、企业、国家)在认识与实践过程中表现出来的,创新能力只有在认识和实践过程中才能得到施展发挥。实践是创新能力形成的途径,是开发和锻炼创新能力的大舞台,也是检验创新能力水平和创新活动成果的尺度标准。

　　第二,从作用结果来看,创新能力体现在能产生新的成果,既包含物质的成果,也包含精神的成果。

　　第三,从表现形式来看,创新能力既可以表现为创新的思维能力,即创造性考虑问题的能力;又可以表现为创新的行为能力,即创造性解决问题的能力;更多情况下,创新能力则是这两种能力的综合表现。

　　创新能力是人在创新活动中表现和发展起来的各种能力的总和,这些能力包括观察能力、理解能力、想象能力、分析能力、判断能力、推理能力、综合能力、记忆能力、操作能力、组织能力、决策能力、协调能力等各种基本能力。因此，创新能力不是独立于各种能力之外的一种能力，而是一种综合性的能力。

创新能力是一个人最重要的能力，它反映了一个人创新素质的高低。

二、人人是创新之人

创新能力是每一个正常人都具有的。

在我国的古代，孟子就有"人人皆尧舜"的说法，也就是说，现实生活中的每一个人，不论性别、年龄、民族、出身、地位、学历、职务等，都具有创新能力。脑科学的研究表明，正常人的大脑结构与功能完全类同，创新能力决非少数"天才"的专利。

我国著名教育家陶行知先生早在20世纪40年代就提出"处处是创造之地，天天是创造之时，人人是创造之人"的论断，美国发明家爱迪生也指出："天才是99％的血汗加上1％的灵感。"这些观点表明，人人都有创新能力。只要你能勤奋地付出血汗，你就可以成为"天才"。

不少人认为自己智商不高，与创新无缘。其实，智力并不等于创新能力，高智商并不等于高创新能力。

【灯泡容积的测量】

发明家爱迪生有一次招聘助手，一个名叫阿普顿的年轻人前来应聘。阿普顿毕业于普林斯顿大学数学系，又在德国深造了一年，数学功底相当好。

爱迪生随手拿了一个废灯泡，要阿普顿测算一下灯泡的容积是多少。

阿普顿拿着这个梨形灯泡仔细打量了一番，心想，虽然这个问题计算起来非常复杂，但是凭着自己的数学本领，应该可以求出来。

于是这位数学奇才用了整整三天三夜的时间，采用大量数

创新一定有秘诀

学公式进行求算。当他把写得密密麻麻的一大叠数学草稿交给爱迪生时,爱迪生只看了一眼结果,就说:"你算对了,真了不起。"

阿普顿很是惊讶,问道:"你怎么知道结果是正确的?"

爱迪生说:"我也算过,所以我知道你的推算是正确的。"

阿普顿连忙问:"那你是怎么算出来的?花了多少时间?"

爱迪生笑着说:"我只用了3分钟时间,我的方法很简单。"

接着,爱迪生把灯泡的螺口拧开,用杯子倒入水,然后将灌满水的灯泡交给阿普顿说:"去,把灯泡里的水倒到量筒里量量,你就知道答案了。"

这时阿普顿恍然大悟,羞得满面通红,不得不佩服爱迪生处理实际问题的才能。

这个故事告诉我们,知识不等于能力,智商不等于"创商"。许多日常生活中的创新往往并不复杂,远不像人们想象的那么难。关键在于你有没有创新意识,能不能灵活运用知识,愿不愿意开发自己的创新能力。

三、你能够做到的,远比你已经做到的要多得多

人的潜能犹如一座待开发的金矿,蕴藏无穷,价值无比。但是,由于没有进行各种潜能训练,多数人的潜能没有能够得到淋漓尽致的发挥。并非大多数人命中注定不能成功,只要发挥了足够的潜能,任何平凡的人,都能成就一番惊天动地的伟业。

每个人都有巨大的潜能。下面这个例子,或许可以说明这一道理。

【急中生"能"】

一位农夫站在粮仓前,注视着一辆快速开过的轻型卡车。农夫14岁的儿子正开着这辆车。

由于年纪还小，农夫的儿子还不允许考驾驶执照。但是他对汽车很着迷，似乎也已经能够操纵车辆，因此，农夫准许他在农场里开这辆客货两用车，但不准他上外面的公路。

突然农夫眼看着汽车翻到水沟里去。他大为惊慌，急忙跑到出事地点。农夫看到沟里有水，而他的儿子被压在车子下面，只有半个头露出水面。

农夫毫不犹豫地跳进水沟，双手伸到车下，用力把车子抬了起来，足以让另一位跑来援助的工人把那失去知觉的孩子从车下拽出。

当地医生很快赶了过来，给孩子全身检查了一遍。农夫的孩子受了一点皮肉伤，没有大碍。

这时，农夫却开始觉得奇怪起来。这位农夫并不高大魁梧，身高170厘米，体重70公斤。刚才去抬车子的时候，农夫根本来不及考虑自己是否抬得动。现在他好奇地再试了一下，结果根本就动不了那辆车子。

农夫在紧急情况下产生的超常力量，并不只是身体的反应，还涉及精神的力量。当他看到自己的儿子快要淹死时，他的第一反应是救自己的儿子，一心要把压在儿子身上的卡车抬起来。可以说，是精神作用引发出巨大的潜在力量。

让我们始终牢记下面这句话：

你能够做到的，远比你已经做到的要多得多！

四、每个人的头脑中都沉睡着一位创新大师

我们每个人都有着巨大的创新潜能。只要进行科学开发，人的创新潜能完全能够被激发出来。例如，有的体育苗子被教练选中，经过艰苦训练后可以跳2米多高。可是若不去开发这种体育潜能，他恐怕连一米五都跳不过。记忆潜能的开发也是惊人的，锦州市记忆研究所对一名普通五年级小学生训练快速记忆，仅四个月，该学生便具有熟记整本《新华字典》的能力。这说明,人的创新潜能是可以经过后天的学习或训练而不断开发的。

脑科学的研究,为创新能力的开发提供了理论依据。人脑是人的创新能力形成的物质基础,是人的创新能力发展的物质载体。离开了这个物质基础,人的创新能力的形成和发展就成了无源之水、无本之木。

诺贝尔奖获得者、美国神经心理学家斯佩里通过著名的裂脑人实验研究发现,正常人的大脑分为左、右两个半脑,两半脑之间经胼胝体(连接两半脑的神经纤维)连接沟通,构成一个完整的统一体。在正常的情况下,大脑是作为一个整体来工作的,左、右两个半脑的信息可在瞬间经胼胝体以每秒 10 亿位元的速度进行交流,人的每一种活动都是两半脑信息交合作用的结果。

斯佩里的研究表明,大脑的奇妙之处在于左、右两半脑分工不同,如图 5-1 所示,它们以完全不同的方式进行思考。

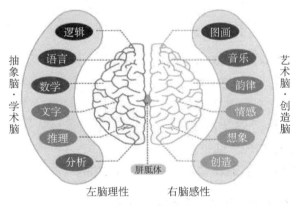

图 5-1 左右脑功能图

人的左半脑主要从事抽象思维,负责语言、文字、数学、逻辑、分析、判断、推理、排列、分类、书写、时间感和五感(视、听、嗅、触、味觉)等,思维方式具有连续性、延续性和分析性。因此,左脑又称为"抽象脑"、"数字脑"、"语言脑"和"理性脑"。此外,左半脑感受并控制人的右半身。

人的右半脑主要从事形象思维，负责图形、几何、想象、情感、身体协调、视知觉、美术、音乐节奏、直觉、灵感、梦、空间感等，思维方式具有无序性、跳跃性和直觉性。因此，右脑又称为"想象脑"、"模拟脑""艺术脑"和"感性脑"。此外，右半脑感受并控制人的左半身。

左右脑的功能，可以这样形象化的描绘：左脑就像一个雄辩家，善于语言和逻辑分析；又像一个科学家，擅长抽象思维和复杂计算，但较刻板，缺少幽默和丰富的情感。而右脑就像一个艺术家，擅长非语言的形象思维和直觉，对音乐、美术、舞蹈等艺术活动有超常的感悟力，空间想象力极强；不善言辞，但充满激情与创造力，感情丰富、幽默、有人情味。

斯佩里关于脑科学的研究，为人脑的开发提供了重要依据。

五、唤醒你的创新潜能

1. 右脑开发与全脑运动

创新活动是人左、右脑协同合作的过程。开发创新能力，必须左、右大脑同时开发。

对照左右脑的分工图不难看出，我国教育长期以来存在一个问题，是左脑训练远强于右脑训练。现行的教育体制及教学过程均偏重于左脑开发，特别是中考、高考均强调语文、数学、外语三门主课，导致美术、音乐等训练右脑的必修课程在许多学校形同虚设，右脑的开发严重缺乏，容易造成学生右脑功能中创造、创新等一系列强大的智慧能量的闲置。

美国西北理工大学校长谢佐齐教授曾经指出：中国教育非常严谨，具有十分严密的逻辑性和丰富的知识性。培养的学生，抽象思维能力比较强，显然左脑比较发达，而动手能力和表达能力相对较弱，说明缺乏右脑的训练。他带过不少中国留学生，多数人笔试成绩非常优秀，可是解决实际问题和协作的能力比较差，例如，有的人生活自理能力很差，有的人不善于合作，有的人三分钟即席演讲很糟糕。

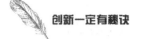

他认为问题的根源就是左右脑的训练失衡。

创新能力的培养不是靠创造学等一两门课程就能实现的,需要整个教育理念的转变、课程结构的调整和教学方法的改革。无论是中小学还是大学的每一门课程,都应该从拓展素质教育的角度重新规划和设计,将课程教学与左右脑开发及创新能力的培养有机结合,在创新能力开发上来一场"全脑运动"。根据我国的教育现状,尤其要强调右脑开发,以促进左右大脑的均衡、协调发展,充分调动起人的创新潜能。

2. 左撇子与右脑开发

左撇子是一个很有特色的群体,有调查显示,目前世界上大约有13%的人习惯用左手,而在我国左撇子约占总人口的6%～7%。左撇子的大脑右半球起决定作用,它是发挥创造性和综合判断能力的关键。左撇子的这个特征被看作天才的象征。

上述说法有多少科学根据尚需考证,但左撇子中确实出现过许多世界著名人物,如相对论提出者爱因斯坦、著名画家毕加索、文学家马克·吐温、艺术家达·芬奇、喜剧大师卓别林、表演艺术家赵本山、著名球星马拉多纳、世界首富比尔·盖茨等,就连恐怖分子本·拉登也是左撇子。我国乒乓球名将蔡振华、王涛、王楠、阎森等也都是左撇子。有意思的是,美国第40届总统里根、第41届总统布什、第42届总统克林顿、第43届总统小布什、第44届总统奥巴马全都是左撇子。

大家知道,右脑支配左半身,控制左手运动,反过来,左手、左半身器官的运动也刺激右脑。因此,有意识地调动左手、左腿、左眼、左耳,特别是左手和左手指的运动,对大脑皮层产生良性刺激,能使右脑得到比较充分的锻炼。

日常生活中用右手做的事,不妨用左手试试,如左手拿筷子、用剪刀、投篮球、打乒乓球、扶把手、系纽扣等。也可以有意识地用左手写字、用左手猜拳、用左手抓牌、用左脚踢球、用左耳接听电话等。如果从小学会"左右开弓",相信你的左手一点也不比右手差。

国际上每年8月13日定为"左撇子日",用来宣传左撇子的优势,唤起全社会对左撇子问题的关注,提醒人们在一个以右撇子为主的社会中改进产品的设计并更多考虑左撇子的方便与安全,消释数千年来在各种文化中存在的对左撇子的偏见。

3. 唤醒你的潜能

脑科学研究表明,一般人的大脑潜能仅利用了4%～5%,少数人利用到10%左右。科学巨人爱因斯坦死后,人们对其大脑进行了研究,发现其大脑重量、细胞数亦与常人相仿,只是其脑细胞内的触突(起联系作用)比常人多,说明他的大脑潜能比常人开发得多,但最多也仅达到30%的水平,还有极大的潜力。就记忆存储功能而言,即便是一个非常勤奋好学的人,一生至多只利用了自己大脑功能的百分之几。由此可见,人脑还存在极大的潜力。正是这种潜力,为创新能力的开发提供了巨大空间。

每个人的头脑中都沉睡着一位创新大师。你想成为创新强者吗?那么,请设法唤醒它吧!

任何成功者都不是天生的,成功的重要原因是开发了自己无穷无尽的潜能。只要你抱着积极的心态去开发你的潜能,你就会有用不完的能量,你的能力就会越用越强。

如果你能把自身的创新潜能多开发10%,那你就是"天才";如能开发出20%,你就是"超人";如果你能开发30%,那你就是"爱因斯坦"!

反之,如果你不能正确认识自身的创新潜能,而是抱着消极的心态,不去开发自己的潜能,那么你只有整日叹息命运的不公,并且变得越来越无能!

§5.2 变"不可能"为"不,可能"——创新精神的培养

一、创新需要创新精神

我们每个人都希望自己成为成功的创新者。那么创新的成功到底取决于哪些基本要素呢?创新的规律表明:

创新成功 ＝ 创新精神×观念和思路×知识经验及技能×创新方法＋创新环境

该公式的前四项为创新成功的内因,这四者缺一不可,若有某一项为零,则四项的总乘积为零。最后一项是创新成功的外因。内因与外因相结合,方能取得成功。

创新成功的内因与外因相比,内因是主要的。而四项内因中,则又以创新精神为主。创新的实践表明,创新者与普通人最大的差别不是学历,不是文凭,不是职称,也不是智商,主要在于是否具有创新精神。

创新精神包括创新理想、创新意志、创新毅力、创新胆识、创新兴趣、强烈的事业心、责任心、自信心、竞争意识、怀疑精神、敬业精神、拼搏精神等。

创新精神以敢于抛弃旧思想、旧事物,创立新思想、新事物为特征。例如:不满足已有认识,不断追求新知,不满足现有的生产方式,不断进行革新,不墨守成规,不人云亦云,敢于打破原有框框,探索新的规律;坚持独立思考,敢于大胆怀疑,追求新颖、独特等,这些都是创新精神的具体表现。创新精神是科学精神的一个方面,是创新者应该具备的素质,也是创新成功的关键。

二、创新需要竞争意识,需要拼搏精神

"物竞天择,适者生存"是自然界普遍遵循的法则。让我们先来看一个"鹿死谁手"的故事。

【鹿死谁手】

美国的阿拉斯加州靠近北极圈地带,当地有一种十分宝贵的资源——梅花鹿。梅花鹿浑身是宝,经济价值很高。然而梅花鹿有一个天敌——狼。狼追得梅花鹿疲于奔命,每天都有梅花鹿被狼咬死吃掉。

第 5 章 创新能力——人人是创新之人

美国人对此很心疼。于是,他们想出一个办法:对梅花鹿来个"政策倾斜",建一个梅花鹿保护区,把保护区内的狼全给打死。

狼死了,梅花鹿没有了天敌,也用不着整天疲于奔命。

可令美国人不解的是,梅花鹿的死亡率仍然不减当年,而且经常暴发传染病。那么究竟是鹿死谁手呢?

经过仔细观察,美国人终于找到了其中的原因。

原来,过去梅花鹿被狼追得到处奔跑,被迫"锻炼身体"。现在狼没了,梅花鹿天天优哉游哉、饱食终日、无所事事,体质如何能好?过去狼是梅花鹿优胜劣汰、优生优育的执行者,现在狼没了,体质差、有传染病、跑不快的梅花鹿都无法淘汰,非但不能优生优育,传染病还会迅速在鹿群中蔓延。

最后,美国人只得重新引进狼,恢复其"物竞天择,适者生存"的自然法则。

自然界是这样,企业界也同样如此。

波兰过去有一家历史悠久的名牌企业格但斯克造船厂,该厂电工出身的瓦文萨在20世纪80年代搞团结工会发了迹。东欧剧变后,瓦文萨当上波兰总统。在他当政期间,对格但斯克造船厂特别关照,给予了大量政府补贴。这种有意识的政策倾斜使该厂在各种优惠保护下维持着丰厚的福利,从而不思创新。其他造船厂则没有这种幸运的优惠保护,只能减人增效,在不断创新中生存和发展。

结果是其他造船厂中已有两家跻身于欧洲的大船厂行列,而原先十分有名的格但斯克造船厂却失去了竞争力,拿不到造船合同,在负债1.5亿美元之后,形成无可挽回的资不抵债,最后不得不宣布破产。

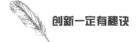

三、创新需要怀疑精神

著名物理学家、诺贝尔奖获得者丁肇中教授在介绍自己科学探索取得成功的心得时,曾经说过:"不要盲从专家的结论"、"应该做别人认为不可能的事"、"很多事做出来的结果可能与原先料想的完全不是一回事"。

丁肇中讲述了他所经历的一个测量电子半径的实验:最初,物理学界的很多专家都认为电子是有体积的,他对这个结论不以为然,便设计了实验方案对电子的半径进行测量,结果发现电子的半径根本无法测量,电子没有体积,这一结论后来得到了国际物理学界的认可。

从这个实验开始到后来对新粒子发现的一系列研究过程中,丁肇中教授最重要的体会是不要盲从专家的结论,要对自己有信心,做你自己认为正确的事,不要惧怕困难,也不要因为大多数人的反对而改变。

创新需要怀疑精神,这种怀疑不是盲目地怀疑,而是建立在实证和理性基础之上的,是以遵循事物客观规律为前提的。

【聂利的发现】

蜜蜂发音靠的是翅膀振动——这个被列入我国小学教材的生物学常识,被湖北省监利县黄歇口镇中心小学六年级学生聂利用实验推翻了。聂利发现,蜜蜂有自己的发声器官,而并不是靠翅膀振动发声的。这个结论,是聂利对蜜蜂进行了细致的观察和试验后得出的。

聂利从《小学自然学习辅导》一书中得知,蜜蜂、苍蝇、蚊子等昆虫都没有发音器官,但它们在飞行时不断高速扇动翅膀,使空气振动,从而产生嗡嗡的声音。后来,聂利在《十万个为什么》中也看到,蜜蜂的嗡嗡声来自翅膀的振动,每秒达 200 次,如果翅膀停止振动,声音也就停止了。她向老师求证,老师的观点也同书上一样。

有一次聂利到一个养蜂场去玩,发现许多蜜蜂聚集在蜂箱上,翅膀没有扇动,却仍然嗡嗡地叫个不停。她因此对教材和科普读物上的说法产生怀疑,并开始试验和研究。

她把蜜蜂的双翅用胶水黏在木板上,或者剪去蜜蜂的双翅,发现都能听到蜜蜂的叫声。她用这两种方法做了多次试验,结果表明:蜜蜂不振动翅膀也能发声。

为了探究蜜蜂的发音器官,她把蜜蜂黏在木板上,用放大镜仔细观察了一个多月,终于在蜜蜂的双翅根部发现两粒比油菜籽还小的黑点。蜜蜂发音时,黑点会上下鼓动。

她用大头针捅破小黑点,蜜蜂就不发声了。她又找来一些蜜蜂,不损伤双翅,只刺破小黑点。放在蚊帐里的蜜蜂飞来飞去,却不再发出声音。

聂利将这一发现写成论文,认为蜜蜂的发音器官就是这两个小黑点。聂利的论文《蜜蜂并不是靠翅膀振动发声》荣获"全国第18届青少年科技创新大赛银奖"和"高士其科普专项奖"。

聂利同学的发现过程并不复杂,她不迷信教材知识,勇于向"定论"提出质疑、向权威提出挑战。体现在聂利身上的那种勇于怀疑的创新精神,比"蜜蜂的发声器官"这个发现本身更为可贵。

传统的应试教育制约了学生全面素质的提高,标准答案束缚了学生创新能力的培养。现代教育理念倡导怀疑精神、批判意识。聂利的发现,对于我们的基础教育无疑是一个有益的启示。

四、创新需要积极的心态

成功人士的首要标志就是他的心态,如果一个人的心态是积极的，他能乐观看待任何事物，乐观接受挑战和应对困难，那他就已经成功了一半。

成功学的创始人拿破仑·希尔在对大量成功人士进行调查的基础上，总结出一个著名的成功定律，即 PMA（Positive Mental Attitude）黄金定律。这个定律指出：人与人之间开始时只有很小的差异，这种差异就是人们对待事物的心态是积极的还是消极的，这种很小的差异最终却往往会造成巨大的差异，这就是成功与失败。成功人士运用 PMA 黄金定律支配自己的人生，他们始终用积极、乐观的心态去对待任何问题，而失败人士则运用消极的心态去面对问题，最终走向了失败。

拿破仑·希尔讲过一匹赛马的故事。

【格里尔是这样被打败的】

约翰·格里尔是一匹著名的良种赛马，它曾经取得过许多次赛马比赛的好成绩。它被精心地照料和训练，并被认为是当时唯一能击败在任何时候都占优势的赛马"战斗者"的种子选手。事实上，它的确很有希望获胜。

在阿奎德市举行的德维尔奖赛马比赛中，这两匹马终于相遇了。那天是一个万众瞩目的日子。当这两匹马沿着跑道并列奔跑时，人们都清楚"格里尔"是在同"战斗者"作殊死的搏斗。

跑了四分之一的路程，两匹马不分高低；跑了一半的路程、跑了四分之三的路程，它们仍然不分高低。在仅剩八分之一路程的地方，两匹马似乎还是齐头并进。

就在这时，"格里尔"使劲向前窜去，跑到了前面，眼看胜利在望。

在这危急关头，"战斗者"的骑手在赛马生涯中第一次用皮鞭持续地抽打他那心爱的坐骑。

"战斗者"的反应是他的主人似乎在放火烧它的尾巴，它一

> 下子猛冲到"格里尔"前面,并同"格里尔"拉开了距离。比赛结束时,"战斗者"比"格里尔"领先了整整七个身长。
>
> "格里尔"原是一匹精神昂扬的马,是一匹很有希望的马。可是,这次经历却把它彻底打败了。"格里尔"从此消极悲观、一蹶不振,它在后来的一切比赛中再也没获胜过。

人虽然不是赛马,但像格里尔那样的却大有人在。他们也许曾经有过辉煌的时刻,但是一旦遇到挫折,他们便容易悲观失望,看不到希望的灯火,从此一败涂地。

面对桌上的半杯水,乐观者会说,还有半杯水;悲观者会说,只剩下半杯水。其实,这半杯水折射出的是一个朴素的哲理:任何事物都有两面性,关键是自己看到了哪一面。持有消极心态的人,总是悲观地看待问题,在他们的眼中,杯子永远是半空的;持有积极心态的人,总是乐观地看待问题,他们在创新的过程中,能以积极的心态正确处理各种困难和矛盾。

当然,有了积极的心态并不能保证事事成功,但肯定会朝着成功的方向努力。反之,持有消极心态的人则会离成功越来越远。拿破仑·希尔说,从来没有见过持消极心态的人能够取得持续的成功。即使碰运气能取得暂时的成功,那成功也是昙花一现,转瞬即逝。

五、变"不可能"为"不,可能"

作者的同行、同济大学创新思维研究中心主任王健教授擅长在互动游戏中让人感悟创新的哲理。他在一次会议演讲中,做了下面的实验:

> **【吸管穿石榴的启示】**
>
> 王健教授拿出一颗新鲜的石榴、几根普通的塑料吸管,问台

下的与会者："不借助任何辅助工具，不破坏石榴的特性，一分钟内，用什么办法可以将塑料吸管从中间横穿过这颗结实的石榴？"

会场顿时活跃起来，有人说用钉子将石榴打穿后再将塑料吸管穿过去，有人说在塑料吸管内穿根钢丝再将塑料吸管穿过去，有人说先将石榴煮熟了再用塑料吸管穿过去……显然，这些办法都违背了问题的前提条件。

上述各种方法被逐一排除后，一时间，大家再也想不出其他方法，纷纷摇头说"不可能"。

王教授意味深长地说："我们先试一下不就有答案了吗？"

大家齐刷刷地望向王教授，只见他手握塑料吸管以极快的速度去穿石榴，结果没花多大气力，就顺利地将塑料吸管横穿过了石榴。

在场的人瞠目结舌。难道王教授用的吸管是特制的？几名听众上台仔细检查了王教授用的吸管，与普通吸管没有任何差别。一名听众特意挑了一根吸管让王教授再示范一下，结果吸管又顺利地穿过了石榴。

其实吸管穿石榴的奥秘，在于穿插时用大拇指封住吸管的一端，并快速将吸管利入石榴。由于速度很快，加上塑料吸管的空气压力突然增大，导致塑料吸管的钢性突然加强，吸管就会轻而易举地穿过石榴。

这是一个简单而富有哲理的实验，它以无可争议的事实向我们证明：有时固有的经验是靠不住的。遇到问题时，我们往往只顾着埋头寻找解决之道，却忽视了最简单不过的"先试一下"。

经过几次训练后，让塑料吸管穿过石榴，简单到只是一个举手之劳的动作。而要让"不可能"变为"不，可能"，只不过是给它加一个逗号而已。

§5.3 创新始于观察——发现问题能力的培养

一、问题意识与观察能力

1. 处处留心皆学问

创新活动源于问题,如果没有问题,创新就无从谈起。

有人问爱因斯坦,他那些最重要的科学观念是怎样产生的。爱因斯坦回答说,它们首先是因为他"不理解最明显的东西"而产生的。爱因斯坦这句话,是对问题意识的最好诠释。

你很难直接看到自己的眼睫毛,即使你的眼睫毛很长。因为你的眼睛已经完全对它熟视无睹。

人的思维也是如此,我们最容易忽视那些最显而易见的事物。而具有创新意识的人,能够从眼前那些最不起眼的现象中发现问题,找到创新的种子。

【牛蒡草与魔术贴】

1948年的一天,瑞士工程师乔治·德梅斯特拉尔带着心爱的猎犬与朋友一起外出打猎。中午时分,乔治和朋友们在山坡的草地上野餐。刚坐下,他便觉得臀部有刺痛的感觉,好像被无数小针扎了一下。

乔治连忙站起来,仔细一看,原来自己坐的地方长着牛蒡草,草上有着一个个刺果,自己坐在"刺窝"上了!他的衣服和猎犬身上也沾满了牛蒡草的刺果。

回到家后,乔治花了很长时间也没除尽衣服上和猎犬身上的刺果。他好奇地想,牛蒡果为什么有这么大的附着力呢?

通过显微镜观察,乔治发现牛蒡果上有很多小钩,正是这些小钩钩住了布料和狗毛纤维。他突然产生灵感,如果仿照牛蒡果

的结构,不是可以制成一种方便牢靠的搭扣吗?

这一想法激发了乔治的创造欲望。于是,他埋头于新式扣子的发明试验中。经过半年试验,他终于发明了一种叫做"纬格罗"(Velcro)的新型尼龙搭扣。这种搭扣由两面组成,其中一面织有许多钩状物,另一面为半卷形的毛绒绒,两面轻轻一碰就能强有力地自行扣合在一起,并且可以反复使用。

乔治为他的发明申请了专利。不久,"纬格罗"被推广到世界各地,成为一种世界性的实用小商品,被大家称为"魔术贴",它被评为20世纪最重要的50项发明之一。只要你细心观察就会发现,现在的衣服、鞋子、窗帘、椅套、电脑包上,到处都能看到这种魔术贴的影子。

从乔治发明魔术贴的过程,可以看出问题意识与观察能力对创新的重要意义。我国古代先贤孔子说过:"每事问","疑是思之始,学之端";爱因斯坦也说过:"提出一个问题往往比解决一个问题更重要";钱伟长认为:"学生提不出有价值的问题,就意味着不能创新"。可见发现问题、提出问题的重要性。

2. "聪明"的含义

我们都希望自己成为聪明的人。那么什么样的人是聪明的人呢?

仔细盯着"聪明"二字看,也许你能从中悟出点聪明人的道理来。"聪"字由耳朵(耳)、眼睛(两点)、嘴巴(口)和心组成,而"明"字由日和月组成。耳朵和眼睛是用来观察的,嘴巴和心是用来表达和思考的,日和月则代表白天和晚上。

因此,聪明的人,是时时刻刻善于用耳朵听、用眼睛看、用嘴巴交流、用心思考的人。"聪明"二字,形象地说明了观察能力、思维能力和交流表达能力对创新的重要性。

3. 观察=观看+察觉

不仅观看,而且察觉。

【哥廷根的观察力测试】

在德国哥廷根召开的一次心理学会议中，突然从门外一前一后冲进两个人，他们在会场里拼杀追赶，发生枪战，随后又一起冲了出去。这桩突如其来的事件前后仅有20秒钟。

这惊心动魄的一幕原来是会议组织者精心安排的一次观察力测试，出席会议的心理学家们事先都不知道。

事件过后，会议主席立即请全体与会者写下观察到的经过。结果，在上交的40篇目击记录中，只有一篇在主要事实上的错误少于20%；有14篇存在20%到40%的错误；有25篇出现了40%以上的错误。更为严重的是，还有不少细节纯属人为的臆造。

实验结果发人深省。虽然人们时时都在观察，虽然观察的方法、过程看似简单，但真正要做到准确无误的观察、洞察事实的真相，往往并不那么容易。善于观察的心理学家有时也会"视而不见"、"听而不闻"，也会观察出错，更何况常人呢？

观察能力是进行创新的基本能力。观察是思维材料的来源，是认识活动的起点。人类创新历史上许多重大发现、发明和设想，都起源于对事物的细心观察。

二、观察的种类

观察是对客观事物进行认识的一种活动，根据观察的目的、方法和观察的效果，可将观察分为以下几类。

1. 有意观察和无意观察

有意观察是带着一定目的和任务进行的观察，如学生做物理、化学、生物实验时，就是对自然科学现象的有意观察。

无意观察是预先没有确定目的而无意中进行的观察。就像哥廷根的观察力测试事先没有通知大家一样，与会者完全处在被动、盲目观看的状态，对事件的过程和某些细节自然很难看清。

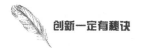

【吊灯与摆钟】

教堂正在做礼拜,唱诗班正在唱着圣歌。这种赞美上帝的奇妙音乐令虔诚的教徒们如痴如醉。

可是,在如痴如醉的人堆中却有一个不专心做礼拜的人,他此刻正目不转睛地注视着天花板上的吊灯。赞美诗他充耳不闻,他甚至忘记了自己在教堂、在做礼拜。那盏原本有三根绳索悬挂着的吊灯,由于一根绳索的断落而来回摇摆。

那人异常专注地观察着这盏越摆越慢的灯,直到其完全停止摆动。

他的血液沸腾了!他惊喜地发现尽管灯越摆越慢,可是每完成一次摆动的时间居然一样!

为了确认自己的发现,回到家里,他又找来绳子,系上重物让它来回摆动,观察摆动的周期性。

在此后的几个月中,他做了无数次的试验。经过仔细的观察和测量,他进一步发现:摆动一次所需要的时间,跟所吊物体的重量没有关系,而与摆长有关。

就这样,善于观察、勤于思考的他从很常见的生活现象中获得启示,终于得到了"单摆摆动周期与振幅无关"的"单摆等时性定律"。

他就是比萨大学的医科学生,后来成为伟大物理学家的伽利略。

不久,荷兰科学家惠更斯运用单摆原理,制成了历史上第一只机械摆钟。从此,时间测量可以用秒来计算,使人类进入一个新的计时时代。

伽利略发现"单摆等时性定律",经历了一个从无意观察到有意观察的过程。许多创新活动都经历了这样一个过程。

2."树木与森林"型观察

从观察是否系统全面,可将观察分为以下三种类型:

(1) "只见树木,不见森林"型观察:注意对事物局部和细节的观察,而忽视对事物整体的把握;

(2) "只见森林,不见树木"型观察:注意对事物整体的把握,而忽视对事物局部和细节的观察;

(3) "既见森林,又见树木"型观察:既注意把握事物的整体,又能细致地观察到事物的局部和细节。

【东西方人看世界】

"东西方人对世界的看法不同",对这句话通常的理解是东西方人会以不同的观点看待这个世界。有意思的是,研究人员近日发现,东西方人在用肉眼"看"世界时,还真的存在差别。东方人倾向于先看物体的背景,而西方人目光直接,倾向于先看物体本身。

美国密歇根大学研究人员对25名欧洲裔学生和27名华裔学生的眼睛活动进行仔细观察后发现,这些学生在看指定图片时,目光会停留在不同区域,并且停留的时间也不同。

研究显示,欧洲裔美国学生更注意图片近景中的物体。比如丛林中有只美洲豹,他们的目光会长时间停留在豹子身上;华裔学生则更习惯于花时间观察图片背景和整体,并且会在背景和主体之间来回移动目光。研究小组组长理查·尼斯比特得出结论:他们"看"世界的方法确实不同。

在另一组实验中,研究小组请来一些美国人和日本人观看并描述所见水下图片。美国人的目光直接落到了图片中最明显或运动中的物体上,比如三条鲑鱼在游水;日本人则描述他们看到了水流、水是碧绿色的、水底有岩石,最后才提到鱼。

尼斯比特就"看"法上的差异提出了自己的"文化差异说"。"亚洲人生活的社会环境更复杂,"他说,"他们比我们更需要留意别人的看法。我们是个人主义者,可以我行我素。"

尼斯比特认为,和谐是中国文化的核心。相比之下,西方人只关心如何完成一件事,而不在意他人感受。他还进一步分析,这样的文化差异可追溯到几千年前的农业制度。在古代中国,农民由于需要共用水源,每家每户需要好好相处并保证互不侵犯。而在西方,当时希腊农民大多以种植葡萄和橄榄为生,像小商贩那样独立经营着自己的土地。尼斯比特举例说,当古希腊科学家亚里士多德看到岩石沉入水底时,他想到重力,但他不会想到水本身。而中国人会把所有与沉浮相关的因素考虑进去,这也是为什么中国人能比西方人早几百年认识潮汐变化和磁场引力。

文化差异的影响居然渗透到最简单的观察行为中。

三、观察能力的培养

1. 注意观察的客观性、系统性、准确性和典型性

在观察活动中,应注意观察的客观性、系统性、准确性和典型性。

只有坚持观察的客观性,才能不受主观偏见的影响,真实反映客观事实;

只有坚持观察的系统性和完整性,才能对观察对象有全面深刻的把握;

只有坚持观察的准确性和典型性,才能对观察对象有正确的认识。

【一堂生动的"蚯蚓课"】

美国的小学生十分重视学生观察能力的培养。有一所小学,老师给三年级学生上"蚯蚓"课,他的上法是我们难以想象的。

老师一开始就把带来的许多活的蚯蚓放到教室的地上,让它们满地乱爬。然后要学生观察蚯蚓具有什么特点。

一个学生说,"我发现蚯蚓会爬。"老师说"好!"另一个学生说:"蚯蚓没有腿,不能叫爬,应叫蠕动。"老师说:"很好。"又一个学生说:"我发现蚯蚓身上有环状的花纹。"老师又说:"你观察得很仔细。"一个学生高兴地说:"我用舌头舔了一下,发现蚯蚓是咸的。"老师说:"你的胆子比我大。"又一个学生说:"我用细线把蚯蚓扎起来,然后咽到肚子里,过了一会儿把它拉出来,发现蚯蚓还活着,这说明蚯蚓的生命力很强。"老师激动地说:"好!你为科学献身的精神,值得我学习。"最后,老师进行了小结,一堂课上完了。

学生从头到尾都是观察,老师则是一次又一次地表扬。给学生留下的印象,恐怕终身难忘。

我们在观察问题时必须坚持系统观察和重点观察相结合,避免"瞎子摸象"式的观察。2007年6月,我国太湖流域发生大面积蓝藻暴发,导致无锡等城市一度中断饮用水,市民抢购纯净水做饭。为避免上述情况再次暴发,除采取强有力的环保措施、对污染企业强制关停并转外,采用重点流域重点监控和利用卫星对整个太湖整体监控的方法,将系统观察与重点观察相结合,有利于及早发现情况,采取应急措施。

2. 善于多角度看问题

现实生活中,面对同样的场景,不同的人观察的角度和重点会有所不同。

例如,同样是上山,植物学家往往着眼于观察山上的各种花草树木,动物学家则着眼于鸟兽鱼虫,地质学家着眼于山上的矿物岩石,而气象学家则着眼于风雨云雾。同样,观察人时,理发师首先会注意你的头发,擦鞋匠会盯着你的脚看,而小偷则盯着你的口袋看……

【高度决定视野】

一家幼儿园举行绘画比赛,一幅名叫《我陪妈妈上街》的画吸引了评委。画面没有高楼大厦,没有车水马龙,也没有琳琅满目的商品,有的只是无数个大人的屁股和腿。

仔细想想,《我陪妈妈上街》这幅画画得很有道理。幼儿园的孩子,身高还不到大人的腰部,加上街上人山人海,孩子看到的就只有大人的屁股和腿了。

中央电视台公益广告中有一段话十分经典:"高度,决定视野;角度,改变命运;尺度,把握人生。"创新者,要善于改变自己看问题的角度和解决问题的方式,要善于转换思维视角,善于从多角度看问题。既要用熟悉的眼光看熟悉的事物,从中发现别人不注意的问题,也要用陌生的眼光看熟悉的事物,使问题有新的解决办法,还要用熟悉的眼光看陌生的事物,看看有无类似的解决办法,同时也要学会用陌生的眼光看陌生事物,争取更大的创新。

3. 善于从观察中发现问题

观察不仅是用感官来接受外界的信号、客观反映事物本来面貌,而且应将观察与思维相结合,在观察的同时开展积极的思维活动,进行积极思维和判断,避免"观而不察"。

【调压式打气筒】

无锡市北高级中学学生朱振华有一次给自行车打气时,由于没有及时检查轮胎的气压,结果把轮胎给打爆了。朱振华同学是一个善于观察和思考的人,他针对打气筒不能自动感知轮胎气压是否符合要求的这一缺点进行研究,从家里烧饭用的压力锅获得灵感,采用压力锅减压阀的原理,在打气筒上加装一个可调式定压阀,使打气压力控制在一定范围内。

经改进后的打气筒可以非常方便地对自行车、摩托车轮胎进行充气,同时又不致将轮胎打爆。这一发明获得了全国第九届青少年发明创造比赛二等奖。

4. 从"学答"到"学问"

人民教育家陶行知曾说过:"发明千千万,起点一个问。"钱伟长也说过:教师把学生教"懂了",是一种不负责任的行为;把学生教"不懂了",才是正常的。学生提不出有价值的问题,就意味着不能创新。可见,问是知之始。培养学生的问题意识,敢于提问,善于提问,乐于提问,对促进学生智能发展和素质提高具有重要作用。

【问得住老师得最高分】

我国著名桥梁专家茅以升,早年任教于唐山铁道学院,他的前任教授曾给学生们规定,上课之前先向学生提问,根据回答的水平当面给人评分。茅以升接任后,把这个规矩改了一下:上课之前学生先向教师提问,根据提问的创造性水平给分;把老师问住了的得最高分。

从此,课堂的气氛完全变了一个样。

茅以升说,当时经常有不少富有创造性的学生把他问住。正是这些他尚未思考的新问题,促使他深刻地思索桥梁科学中许多至关重要、有待创新的东西,日后他在主持大桥的设计时,常常得益于这些早年的启示。在茅以升的创造性教育的熏陶下,学生的创造力得到了开发。后来,他的许多学生在桥梁科技创新领域也做出了重大贡献。

早在两千多年前,孔子就要求自己和学生"每事问",他高度评价问题的价值及意义,认为"疑是思之始,学之端"。理学大师朱熹也说过:"读书无疑者,须教有疑,有疑者却要无疑,到这里方是长进。"宋代的著名学者陆九渊的观点则更精辟,他说:"为学患无疑,疑则有进,小疑则小进,大疑则大进。"由此可见,培养学生的问题意识是造就创新人才的关键之一,没有问题意识,创新活动将成为无本之木。

当前的教育一般比较注意培养学生分析问题和解决问题的能力,这固然十分重要,但从创新教育的观点来看,首先应当培养的是学生发现问题、提出问题的能力。因为一切创新都始于问题的发现,而发现问题又源于强烈的问题意识,强化学生的问题意识是培养学生创新精神和创新能力的起点。

作者在多年大学物理及实验课程的教学过程中,发现有相当一部分同学缺乏问题意识,不善于提问,提不出问题。典型表现为两类:其一是不敢或不愿提出问题,怕自己提出的问题肤浅片面而被人笑话;其二是不能或不善于提出问题。

为了激发学生的问题意识和提出问题的能力,培养学生的创新意识,我们在教学过程中,尝试将发现问题、提出问题作为课程的一项常规作业。每教完一单元,布置书面"提问作业",要求学生针对所学内容,提出学习过程中发现的各种问题,将学生提出问题的数量和质量,作为评价学生学习能力的一项重要依据。实践表明,"提问作业"有利于培养学生问题意识,促进学生及时复习和思考,鼓励学生发现问题、提出问题和大胆质疑,迫使那些不善于提问、不敢于提问的同学提出问题,提高学生学习能力。同时,学生所提问题能直接反映学生真实的学习情况,有利于教师及时掌握学生学习中存在的问题,弥补答疑时间的不足,促进教学相长。有些学生还针对实验中发现的问题,提出了实验仪器的改进设想,并在教师指导下开发出新的实验器材,获得了多项国家专利。

第5章 创新能力——人人是创新之人

§5.4 展开想象的翅膀——想象能力的培养

一、想象的魔力

【想象力实验】

美国《研究季刊》曾报道过一项实验,证明想象练习对改进投篮技巧的效果。

第一组学生在20天内每天练习实际投篮,把第一天和最后一天的成绩记录下来;

第二组学生也记录下第一天和最后一天的成绩,但在此期间不做任何练习;

第三组学生记录下第一天的成绩,然后每天花20分钟做想象中的投篮;如果投篮不中时,他们便在想象中做出相应的纠正。

实验结果如下:

第一组每天实际练习20分钟,进球增加了24%;

第二组因为没有练习,也就毫无进步;

第三组每天想象练习投篮20分钟,进球增加26%。

与投篮实验类似,心理学家R. A. 凡戴尔通过一个人为控制的投镖实验证明:让一个人每天坐在靶子前面想象着对靶子投镖,经过一段时间后,这种想象练习和实际投镖练习一样能提高准确性。

实践表明,虽然想象练习永远了不能完全代替实际的操作练习,但它的确能够有效地提高实际练习的目的性、预见性、准确性和灵活性。

想象力是以客观现实为基础在头脑中构造新事物的形象,或根据口头语言和文字描绘,形成相应事物形象的认知能力。通俗地说,想象力就是"越想越像"的能力。想象力是灵魂的创造力,是每个人自己的财富,是你在这个世界上唯一能够自己绝对控制的东西。

想象的威力是巨大的,想象能创造奇迹。

【靠想象力推销】

B. 罗思在《每年如何推销两万五》一书中,讲到底特律的一伙推销员利用一种新方法使推销额增加了100%,纽约的另一伙推销员增加了150%,其他一些推销员使用同样的方法,使他们的推销额增加了400%。

推销员们使用的魔法,其实就是所谓的扮演角色。具体做法如下:想象自己处于各种不同的销售情况,然后再找出应对不同情况的方法,直至在出现各种实际销售情况时自己知道该说些什么、该做些什么为止。

通过这种想象推销,推销员们越来越善于处理各种不同的情况。一位卓有成效的推销员通过想象力训练和实际操作,得出以下深刻体会:"每次你同顾客谈话时,他说的话、提的问题或反对意见,都是一种特定的情况。不管是什么情况,你都可以预先有所准备。如果你总是能估计到他要说些什么,并能迅速回答他的问题、妥善处理他的反对意见,你就能把货物推销出去。"

有了想象力的帮助,取得好成就就不足为奇了。

自古以来,许多成功者都曾运用想象力来完善自我、获得成功。拿破仑在带兵横扫欧洲之前,就曾经在内心想象中"演习"了多年的军事。韦伯和摩尔根在《充分利用人生》一书中告诉我们,拿破仑在上学的时候就把自己想象成一个司令,画出科西嘉岛的地图,经过精确的数学计算后标出他可能布防的各种情况。

世界旅馆业巨头康拉德·希尔顿在拥有第一家旅馆之前,很早就想象自己在经营旅馆,他小时候最喜欢做的游戏,就是扮演旅馆经理的角色。成功后的希尔顿便将他的连锁店发展到世界各地,成为享誉全球的"旅馆大王"。

难怪人们总是把想象力和魔术联系起来,想象力确实具有难以抗拒的魔力。

创新离不开想象。你将会注意到,一切是从你的想象开始的。

【变荒地为黄金】

在加州海岸的一个城市中,所有适合建筑的土地都已被开发并予以利用。在城市的另一边是一些陡峭的小山,无法作为建筑用地,而那里的土地也不适合盖房子。因为地势太低,每天海水倒流时总会被淹没一次。

一位具有想象力的商人来到了这座城市。他立刻看出了这些土地赚钱的可能性。他先预购了那些因为山势太陡而无法使用的山坡地,他也预购了那些每天都要被海水淹没一次而无法使用的低地。他预购的价格很低,因为这些土地被认为并没有什么太大的价值。

他用了几吨炸药,把那些陡峭的小山炸成松土。再利用几台推土机把泥土推平,原来的山坡地就成了很漂亮的建筑用地。另外,他又雇用一些车子,把多余的泥土倒在那些低地上,使其超过海平面,因此,这些低地也变成了漂亮的建筑用地。

这位商人最终赚了不少钱。这些钱是怎么赚来的呢?只不过是把某些泥土从不需要它们的地方运到需要它们的地方罢了,只不过把某些没有用的泥土和想象力混合在一起使用罢了。

爱因斯坦说过:"想象力比知识更重要,因为知识是有限的,而想象力概括世界上的一切,推动着进步,并且是知识进化的源泉。"想象是创新的翅膀,是天文台的望远镜,没有想象,就没有创新。

早在1687年出版的《自然哲学的数学原理》中,牛顿就曾经设想:从高山上用不同的水平速度抛出物体,如果速度一次比一次大,则落地点也一次比一次远。当速度足够大时,物体就永远不会落到地面上,以致飞到足够远的地方环绕地球飞行而不掉下来。如果速度再大,甚至会飞离地球轨道而进入宇宙空间漫游。这就是牛顿描述的摆脱地球引力束缚的力学经典原理。原来,现代航天技术就起源于牛顿当初对抛体运动的想象。

重力可以束缚我们的身体,但束缚不了我们的思想。今天的异想天开,是明天创新的源泉。

二、想象力的培养

想象力是可以自我训练、自我提高的。在日常生活中,人人都可以进行创新思维和想象能力的基本功训练。下面介绍几种实用方法。

1. 图形联想

如图5-2所示,给你一个抽象的图形,要求在三分钟内,尽可能地列出你能想到的联想物,列得越多越好。

以下联想仅供参考:

来自人身体的联想:耳朵,指纹,盘发,紧握的拳头,高度近视眼镜的镜片……

来自动物的联想:盘起来的蛇,蜘蛛网,蜗牛……

图5-2 图形联想练习

来自食品的联想:卷面,蛋桶冰淇淋,削下的果皮……

来自日用品的联想:蚊香,卫生卷纸,卷尺,发条,过滤网,弹簧……

来自自然界的联想:水的漩涡,树的年轮,水井,玫瑰花……

来自生活中的联想:旋转楼梯,盘山公路,过山车轨道,消防水管,靶心,方向盘,车灯,杠铃,陀螺……

经常进行类似的图形联想训练,有利于提高联想能力和观察能力,拓展联想空间。

2. 广告联想

广告联想法是利用各种广告训练联想创新能力的方法。

在当今的信息社会中,各种产品的广告铺天盖地,它们通过报纸、杂志、广告牌,以及各种派送方式和互联网的现代信息手段广为传播。我们可以充分利用这些广告来训练创新思维,实施发明创造。具体做法如下:随意选取两则广告,将广告中的产品或与产品有关的信息进行强制联想,寻求创新的可能。这种利用广告进行联想创新的方法方便实用,在看报、看杂志、看电视、逛街的同时就能进行,对培养创新思维能力很有帮助。

例如,将鲜花广告与罐头食品广告联想,产生了"花罐头"。发明"花罐头"的是日本一位名叫福田惠子的家庭主妇,她把花草和罐头结合在一起,按科学配方在罐头里装入泥土、种子和复合肥料,然后推向市场销售。顾客就像吃罐头食品一样,只要打开这种罐头,每天往里面浇点水,不懂养花的人都能种出色彩艳丽的花朵来。"花罐头"的发明人当年就获利两千万日元。

3. 信息搅拌

信息搅拌法是另一种训练创新思维和提出创新设想的方法,其做法是将写有几百个产品或物件名称的小纸条放入一个盒子中搅拌,然后随意抽取几条,将纸条上所写的内容进行强制联想,这种方法能产生大量奇特的发明设想。

4. "一日一设想"训练

在学习一些基本创新方法的基础上,开展"一日一设想"活动,是培养想象力、开拓创新思维行之有效的训练方法。

"一日一设想"要求参与者每天都要提出一个创新设想。这个设想内容不限,可以是发明创造,也可以是针对生活、工作、学习的创新建议或点子,例如,针对某个科学原理的应用设想等。创新设想要用专用笔记本随时记录,定期整理和筛选,并对其中可行的设想组织实施。

"一日一设想"是创新能力开发的基本功训练,有利于培养创新精神,激发创新意识,锻炼人的想象力,养成良好的创新习惯,开发人的创新潜力。这种训练也有利于促进你对周围事物的关心和兴趣，养成细致观察、勤于思考的习惯，并锻炼持之以恒的毅力。

准备一本笔记本，从现在开始开展"一日一设想"训练，每天记下你的一个创新设想，并坚持不懈，形成习惯。如果你坚持"一日一设想"，那么一周就有 7 个设想，一月就有 30 个设想，一年就有 365 个设想。一年后你就是"点子大王"，如果其中 10% 的设想能成为现实，那就是相当可观的数量啦！

§5.5 变"意见"为"建议"——解决问题能力的培养

一、建议总比意见好

无论是工作、生活，还是学习过程中，人们经常会遇到各种问题或不满，如对政策、对环境、对条件、对待遇、对产品、对服务、对上司、对同学、对朋友的不满等。遇到问题或不满时，许多人便会发牢骚、提意见。提意见本身并不是坏事，说明你发现了问题。意见能体现人们对现实中出现的问题的不满，体现意见者的利益立场。但是，当遇到问题时，如果你只停留在提意见的层面，这并不能说明你对问题有多少认知，只能说明你对问题没有深入思考，缺乏解决问题的能力。

老子说过：智者寻求解决，愚者埋怨责备。埋怨和责备是解决不了问题的。具有创新意识的人，善于变"意见"为"建议"，靠智慧来解决问题。

建议与意见有着本质的不同。建议是在发现问题的基础上，提出了解决问题的办法。而合理化建议还强调建议的合理性，要求该建议必须具有进步性、可行性和效益性。

进步性是指建议所提的方案、措施相对原有事物来说有所改进，有所完善，有所提高；可行性是指建议所提的方案、措施在实践中是切实可行的；效益性是指建议实施后能带来一定的经济效益或社会效益。

例如，有人指出工资待遇是影响职工积极性的一个因素，建议企业给所有职工工资加倍，并且每周只工作四天。这种建议算不上合理化建议，因为企业根本无法实施。

好的合理化建议如良药可口，忠言顺心。提建议者不仅仅是站在自己的立场上分析问题，而且还能够站在对方的立场与共同利益上来思考问题，有利于促成问题的解决。

变"意见"为"建议"，变"建议"为"合理化建议"，体现了解决问题的创新能力。当遇到问题时，让我们多提建议，少提意见；不提意见，只提建议；变意见为建议，提切实可行的合理化建议。

二、合理化建议制度

在鼓励员工提合理化建议方面，日本丰田公司堪称典范。为了最大限度地发挥职工的积极性和能动性，降低成本，提高效益，1951年起，丰田公司推出了"合理化建议制度"，积极鼓励每位员工提出企业生产、经营、管理等方面的合理化建议。

丰田公司认为，好的产品来自于好的设想。因此，丰田公司提出了"好主意，好产品"的口号，通过合理化建议制度，激发全体员工的创造性思考，广泛征求大家的"好主意"，以改善公司的业务。"好主意，好产品"意味着让全体员工都来施展自己的才华，以全体员工的聪明才智，生产出质量更好、价格更廉、顾客更喜欢的产品。

丰田专门成立了"创造发明委员会"和"合理化建议委员会"，对员工提出的发明和建议进行评估和奖励。这一制度出台的1951年，员工就提出合理化建议789条。而到了1974年，合理化建议数量累计突破100万条。只要员工的建议能提高企业的社会经济效益，公司都积极采纳。建议一经采纳，就支付员工相应的报酬。报酬的数额根据建议的大小、经济效益的高低而定，少则500日元，多则数十万日元。

丰田公司的提合理化建议制度坚持不懈地实施至今，每年被采纳的合理化建议达几十万条，建议的内容由最初的改进机械器具扩展到降低成本、保证质量、生产技术、产品开发、经营管理等一系列环节,公司最高时每年有8 000件专利问世。合理化建议制度不仅为公司创造了可观的经济价值,而且大大调动了员工的工作热情,提升了员工的忠诚度、归属感和自豪感,为丰田的发展提供了源源不断的动力。

概括地说,丰田公司的合理化建议制度具有以下特点:

(1)广泛性:丰田公司的合理化建议制度有着广泛的群众基础。公司的每个员工都积极热情地参与合理化建议活动。管理人员对自己的部下所发现的问题和改善设想都能给予认真和及时的考虑。

(2)规律性:丰田公司的各级合理化建议审查委员会每月都定期审查来自基层的合理化建议提案,并且迅速公布审查结果,迅速实施被采纳的合理化建议方案。

(3)相关性:在提案审查过程中,提案者与专业技术人员保持密切的联系。例如,如果提案涉及变更设计的问题,相关设计师就会很快与提案者进行有关改善设计的共同研究。

(4)激励性:丰田公司积极倡导和鼓励合理化建议活动,对在合理化建议和改善活动中取得成绩和做出贡献的人员给予物质和精神奖励,以激励全公司员工的创造热情,激发大家的聪明才智。

(5)持续性:丰田公司的合理化建议活动不是一朝一夕、一时一事的活动,而是持久的、连续不断的活动。事物在不断发展变化,今天看来是合理的东西,也许过一段时间再看就不合理了,因此改善是无止境的,合理化建议活动也是无休止的。没有"最好",只有"更好"!

我国许多单位也开展了形式多样的合理化建议活动。在海尔集团,再普通的员工,每年一定要给企业提至少六条合理化建议,而且这个合理化建议一定是针对员工身边的问题。海尔的理念是:只要每个人把身边的事做好,就会凝聚起企业发展的巨大能量。

2003年,海尔职工提出的合理化建议接近四万条,被企业采用了两万多条,还有将近1 000名职工的"小改小革"。对于真正带来效益的小改小革,海尔就以发明人的名字命名。这样一种创新的氛围让海尔的发明专利源源不断地产生并转化为创新的产品,成为海尔在市场竞争日益加剧的环境中高速发展的关键所在。

海尔集团还有一条规定:员工一年只要有七条合理化建议被采纳,就可以被评为优秀员工。为了激发员工持续创新的积极性,海尔工会改变了以前月底兑现的办法,在全集团推行"即时激励"。员工的建议被采纳后,奖金随即发到位。电子事业部员工周鹏提出的合理化建议,能使彩电生产节拍提高10台/小时,建议采用后的当天下午,周鹏就拿到了奖金。

海尔集团还把鼓励提合理化建议扩大到广大的海尔用户。从1999年起,海尔别出心裁地每年向五名顾客颁发"用户难题奖",每人奖金都超过一万元。这些用户提的合理化建议被海尔采纳后,产生了很大的经济效益和社会效益。如能洗地瓜的洗衣机、小小神童洗衣机、宽电压带的农村电冰箱等,都是在用户提出的难题基础上推出来的新产品。

三、提合理化建议的注意事项

合理化建议是企事业单位的一座潜在"宝藏",是员工参与企事业单位经营管理的一个重要途径,是企事业单位发挥集体智慧的一个重要手段。合理化建议要紧紧围绕企事业单位生产经营管理目标、提高员工综合素质、提高经济效益和社会效益等方面开展,在提高产品质量、发挥管理效能、增产节约、增效节支、改进服务工作中,发掘员工的聪明才智。

为确保提合理化建议活动的效果,提合理化建议时应注意以下四点:

(1) 注意提案的客观性和具体性:要求提案人把现状真实地反映出来,以事实和数据说话;

(2) 注意把握问题原因的准确性:要求提案人把问题发生的主要原因找出来;

(3) 注意解决问题的可行性:要求提案人针对问题发生的主要原因,提出具体的改善对策,也就是提出解决问题的具体可行方案;

(4) 注意改善问题的绩效性:一切提案都以绩效为导向,这种绩

效不一定是以金钱去衡量,它是一个综合性指标,判定标准是促使企业向越来越好的方向发展。

附:合理化建议提案管理条例样本

××公司合理化建议提案管理条例

一、总则

为充分调动全体员工参与公司管理的积极性,不断改善公司管理、提高经营效益,特制定本条例。

二、提案范围

1. 鼓励和接受的提案

(1) 经营管理思路和方法的改进;

(2) 各种工作流程、规程、工作效率的改进;

(3) 市场营销、市场开拓的建议;

(4) 现有产品性能的改进;

(5) 技术革新、现有技术的改进;

(6) 新产品开发;

(7) 原辅材料节约、节能减排的建议;

(8) 产品品质的改进;

(9) 降低成本和各种消耗;

(10) 环境与安全;

(11) 企业精神文明建设、文化建设和职业道德建设方面的建议;

(12) 提高企业形象和知名度;

(13) 其他任何有利于本公司的改进建议。

2. 不予受理的提案

(1) 夸夸其谈、无实质内容的;

(2) 为完成合理化建议的任务而无新意的;

(3) 公认的事实或正在改善的;

(4) 已被采用过或已有的重复建议;

(5) 在正常工作渠道被指令性执行的;

(6) 针对个人及私生活的。

三、组织机构

公司成立合理化建议评审委员会，委员由各有关职能部门领导和员工代表组成。委员会设提案征集组、评审组、执行组，分别负责提案的征集与分类、评审与决策、落实与奖励等日常工作。在公司的各级部门，设立相应的合理化建议提案负责人。

合理化建议评审委员会的职责范围如下：

(1) 提出或修订公司合理化建议活动的政策方针和总体规划；
(2) 提出合理化建议活动的年度经费预算；
(3) 制定和实施合理化建议活动的工作流程；
(4) 评审合理化建议提案，提出完善和实施意见；
(5) 监督重大合理化建议的实施；
(6) 总结、评估、奖励合理化建议活动。

四、管理程序

公司颁布实施合理化建议活动的工作流程，并进行必要的员工培训。

公司员工均有权对公司经营管理运作情况提出建议。该建议用正规的提案表填写。提案表主要内容如下：

(1) 建议人信息，包括姓名、部门、岗位、联系方式等；
(2) 提案日期；
(3) 提案原因或理由；
(4) 具体建议方案或措施；
(5) 预期效果及改善前后比较分析；
(6) 其他说明事项。

员工提案通过公司OA系统员工合理化建议栏提交，或书面形式投入意见箱，或以邮件形式发到合理化建议评审委员会的指定邮箱。评审委员会工作人员定期收集建议，并及时给予书面反馈。

允许员工匿名或联名提案。

合理化建议评审委员会也可公布若干涉及企业经营管理的问题

或难题,征招合理化建议。

提案征集组收到提案后,对提案进行登记、编号。同一内容以先提者为准,同一日提案视为联名。经初步分类整理后送有关专家初审。不予以受理或暂保留的,应及时通知提案人。

初审通过的提案,由提案评审委员会定期进行复审。复审中对提案划分等级,并落实提案执行部门和责任人。

提案依其重要性分为四级:

A级,重要提案,多为创新性的;

B级,较重要提案,多为改良性的;

C级,一般性提案;

D级,反映个别问题的提案。

提案评审委员会对提案落实执行情况进行调查、追踪,协调解决存在的问题。对提案执行情况进行总结、效果评估、效益测算及相关资料归档保存。撰写提案执行情况报告,拟订奖励方案,报公司决策会议核准后在OA系统上公布。提案改进结果所导致的专利、专有技术和成果,其知识产权属公司所有。

五、奖励

1. 奖励办法

(1) 对符合提案范围、被正式受理的提案,每项奖励_____元。

(2) 对因改善而降低成本或增加收入的,按下列比例提取奖金:

年节约或创造价值_____万元以上,按_____%计算;

年节约或创造价值_____万元至_____万元,按_____%计算;

年节约或创造价值_____千元至_____万元,按_____%计算;

年节约或创造价值_____一千元以下,按_____%计算。

(3) 对产生良好社会综合效益、难以定量计算其经济价值的提案,根据提案重要性级别和效果大小,参考以下标准给予奖励:

A级:奖励_____元至_____元;

B级:奖励_____元至_____元;

C级:奖励_____元至_____元;

D级:奖励_____元至_____元。

(4)对符合奖励条件的提案人,公司每年度(或半年,或季度,或每月)集中表彰奖励一次。由评审委员会对照本规定提出具体奖励建议和理由陈述,报公司决策会议批准。

2. 其他说明

(1)提案改进结果导致注册了公司所有的专利、专有技术和成果,给建议人一次性特别奖金。

(2)保留或暂不采用的提议如后续得到采纳,给建议人追认奖励。

(3)联名建议的奖励分配由第一提案人主持,其他建议人如不服可向委员会申诉。

(4)公司总经理或其他高级职员的合理化建议及其奖励由公司董事会参照本条例执行。

(5)合理化建议提案活动费及奖励金在公司成本费用中列支,不列入工资总额。

创新思考题

5.1 你认为自己是否具有创新能力?联系个人实际,你应该从哪几个方面培养和提高自己的创新能力?

5.2 人脑左、右半脑的主要功能分别是什么?你该如何注意促进自己左右大脑的均衡、协调开发?

5.3 由图形"〜"的形状,你能联想到哪些与之相似的事物(如水的波浪等)?列出至少六种。

5.4 由字母"M"的形状,你能联想到哪些与之相似的事物(如高山等)?列出至少六种。

5.5 阅读下列故事,谈谈你从中获得的启示。

【让心先过去】

布勃卡是举世闻名的奥运会撑杆跳冠军，享有"撑杆跳沙皇"的美誉。他曾35次创造撑杆跳领域的世界纪录，并且他保持的两项世界纪录，迄今为止还没人能够打破。

其实，作为一名撑杆跳选手，他曾经也有过一段失败的日子。那些日子里，他苦恼过、沮丧过，甚至怀疑自己的潜力。有一天，他来到训练场，禁不住摇头叹息，对教练说："我实在是跳不过去，我只要一踏上起跳线，看到高悬的标杆，心里就害怕。"

教练对他喝道："布勃卡，你现在要做的就是闭上眼睛，先把你的心从横杆上'摔'过去！"

教练的厉声训斥，让布勃卡如梦初醒，顿时恍然大悟。

遵从教练的吩咐，他重新撑起跳杆又试跳了一次。这一次，他顺利通过了。于是，一项新的世界纪录又刷新了，他再一次超越了自我。

教练欣慰地笑了，语重心长地对布勃卡说："记住吧，先让你的心从杆上过去，你的身体就一定会跟着一跃而过的。"

第 6 章
创新实践
——实践是检验创新的唯一标准

实践是检验创新的唯一标准。任何创新都离不开实践。创新设想是否可行,创新设计是否可靠,创新产品是否有市场,这些都必须在实践中检验,并且通过实践不断完善。

本章从理念与产品创新、制度与管理创新、营销与服务创新等方面,补充介绍一些创新案例,同时提供几则被实践证明是失败的发明案例,并对案例作了点评。期望通过这些案例,能进一步开拓创新视野,并从中获得有益的启发。

§6.1 理念与产品创新

【有阳光就够了】

1972年,新加坡旅游局给总理李光耀打了一份报告,大意是说,我们新加坡不像埃及有金字塔,不像中国有长城,不像日本有富士山,我们除了一年四季直射的阳光外,什么名胜古迹都没有,要发展旅游业,实在是巧妇难为无米之炊。

李光耀看了报告,非常气愤。他在报告上批了一行字:你想让上帝给我们多少东西?有阳光就够了!

后来,新加坡利用那一年四季直射的阳光种植花草,在很短的时间里,发展成为世界上著名的"花园城市",连续多年旅游收入列亚洲第三位。

【点评】 也许你曾抱怨上帝的不公平。在同龄人中间,它送给别人美貌,送给别人金钱,送给别人地位;送给你的,却仅是办公室里的一把旧椅子。然而,假如你有幸读到了李光耀的那句话,你也许会突然振奋起来——原来那把旧椅子是上帝有意送来的。既然如此,哪里还有理由不把它变成一件文物?

【金子与大蒜】

传说有一位商人,带着两袋大蒜,骑着骆驼,一路跋涉到遥远的阿拉伯。那里的人们从没有见过大蒜,更想不到世界上还有味道这么好的东西,因此,他们用当地最热情的方式款待这位商人,临别时赠与他两袋金子作为酬谢。

另一位商人听说了这件事后,不禁为之动心,他想:大葱的味道不也很好么?于是他带着大葱来到了那个地方。那里的人们同样没有见过大葱,甚至觉得大葱的味道比大蒜的味道还要好!他们更加盛情地款待了商人,并且一致认为,用金子远不能表达他们对这位远道而来的客人的感激之情。经过再三商讨,他们决定赠与这位朋友两袋大蒜!

【点评】 创新往往就是这样,你先抢一步,占尽先机,得到的是金子;而你步人后尘,东施效颦,得到的可能就是大蒜!得与失往往就是一步之遥!

无论做什么事都必须早起步,先下手为强,抢占制高点。走在最前面的人可以永远看到新的事物,如果常常跟在别人后面就容易受人制约,失去自主权。创新者必须有敏锐的眼光和果断的判断力,看准目标,快速行动,就容易取得成功。

【松下的用人观】

松下公司对某一岗位的人员选择,或对某一项产品选择开发人员,一般不用顶尖人才,而是取中等的、可以打70分的人才。

顶尖的人才有什么错吗?松下认为,顶尖人才中有些人自负感较强,他们容易抱怨环境影响自己的发挥,抱怨职务、待遇与自己的才能不相称。有这种心态的人,干起工作来未必会出色。而聘用能力仅及他们70%的人才,他们没有一流人才的傲气,也容易满足,甚至有一股子偏要与"一流"人才较劲、比一比谁干得好的劲头。他们重视公司给予的职位,会努力把自己的工作干得漂亮一些。

松下公司认为,世上无完满的事情,只要公司能雇用到70分的中等人才,说不定反而是公司的福气,何必非找100分的人才呢!松下幸之助本人就认为自己不是一流人才,他给自己打的分数也是70分。

【点评】 有时三个诸葛亮,还不如一个臭皮匠。三顾茅庐好不容易请来的诸葛亮,并不一定都能真正发挥其作用和价值。能以较低成本请到"诸葛亮"当然最好,但别忘了发挥身边那些"臭皮匠"们的潜能,俗话说得好:"三个臭皮匠,赛过诸葛亮。"

【透明厕所】

厕所是人们生活中最隐秘的空间之一,英国首都伦敦最近却冒出一间透明厕所。

这座位于泰晤士河畔英国泰特艺术博物馆附近的公共厕所,乍看起来只不过是个单纯的四面镜,让路人能够停下脚步整理仪容的休憩场所。厕所四面的墙壁均采用单面透光的玻璃,确保里面看得见外面,而外面却看不到里面。自然的光线从四面八方照射进来,让整间厕所看起来明亮宽敞、干净大气,而不需要使用任何电灯泡照明。

更有意思的是,在里面方便的朋友再也不用跟千篇一律的瓷砖干瞪眼了。在这里,你可以边方便边观赏外面的风光,顺便数一数后面还有多少人正在排队等着上厕所。

透明厕所除了具有实用性外,还是一件地道的艺术品。厕所的设计者是意大利裔艺术家莫尼卡·邦维奇妮,她希望能达到如厕、赏景和交流三不误的效果。

透明厕所投入使用后,公众反应不一。有人对它嗤之以鼻,有人大加赞赏；使用者有的心惊肉跳,有的乐在其中。

【点评】 透明厕所的设计颇有新意,既打破了传统厕所的隐秘设计,也打破了如厕者的习惯心理。不过,不知道你有没有勇气使用它?

【能透光的水泥墙】

在华盛顿美国建筑物博物馆内,一名参观者在测验一段新型水泥墙的透光性。这种名叫"LiTraCon"的透光水泥像普通水泥一样牢固,但由于含有大量光纤,因此是半透明的,通过这种水泥可以看到人或树的影子。

【点评】 普通水泥与光纤的简单结合,就成了透光水泥。用这种水泥做墙面或屋顶,不就更省电了吗?

【网枪】

网枪是公安、武警、特警、保安人员在抓捕疑犯时使用的一种新型便携式安全防暴枪,它发射的不是子弹,而是一张抓捕人的网。

网枪发射时不需要火药等助动力来推动,而是采用压缩气体作为发射动力。其最佳使用距离范围是3~10米。使用网枪时对准目标扣动扳机,气压动力源产生巨大推力,可在瞬间射出直径为3~4米、面积为20平方米的伞形丝网,牢牢地将犯罪嫌疑人网住,使犯罪嫌疑人瞬间失去逃跑能力,且越动网罩得越紧,从而迅速将其"一网打尽"。

【点评】 渔民用网捕鱼,警察用网捕人,两者同出一辙。

【燃料电池 MP3】

东芝公司最近推出了两款内置燃料电池的 MP3 播放器,其中 100 毫安的电池外形尺寸为 75×23×10 立方毫米,跟口香糖的尺寸差不多。产品注入 3.5 毫升浓度为 99.5% 的甲醇燃料后,可实现约 35 小时的播放。另一款 300 毫安的电池外形尺寸与它相同,注入 10 毫升的燃料后可工作约 60 小时。

【点评】 燃料电池等新能源的出现,将带来一场家电产品的革命。既然 MP3 能用燃料电池,那么手机、数码相机等是否也可以尝试一下呢?

【标有刻度的皮带】

图 6-1 为一款标有刻度的皮带。对于那些正在减肥的人来说,这种皮带太管用了。人们系上它就能马上知道自己的腰围是否增加。

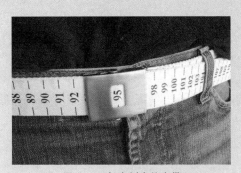

图 6-1 标有刻度的皮带

【点评】 标有刻度的皮带开辟了皮带的新用途,既能起到监督减肥的作用,还可随时解下来当米尺用。

【双人雨伞】

在雨天里与心爱的人分享同一把伞虽然浪漫,但是传统雨伞的造型,身上很容易被淋湿。

图6-2是一款新颖的双人雨伞。它收起来时像是一把普通的雨伞,打开之后可以提供相当于两把雨伞的遮挡面积。

6-2 双人雨伞

【点评】 双人雨伞是伞与伞的组合。两个人撑一把这样的伞在雨中漫步,不仅浪漫,还能够尽量少淋雨,男士再也不会为发扬绅士精神而导致自己后背变成"沼泽"啦。

【鞋底刷】

鞋底刷或许是家庭主妇的梦想之物,因为有了它就再也不用拿着刷子弯腰刷地了。这种鞋的鞋底装有硬毛刷,主妇们可以穿上它轻松愉快地完成卫生间地板的清洁工作。

图6-3 鞋底刷

【点评】 鞋底刷,刷出了鞋子的新用途。

【健身洗衣机】

中国管理软件学院的学生何璇发明了一种神奇的健身洗衣机,这种洗衣机无需电源,节能省水,健身环保,体积小巧,洗衣服的同时还可以健身,且极具瘦身功效,尤其讨得女孩欢心。

这种洗衣机重约20斤,提起来毫不费力。座椅下方是一个不锈钢制成的三角支架,两只脚踏板的中间是一个圆形滚筒。打开筒盖,里面有三片搅拌叶,筒盖上有一个注、排水的小孔。洗衣时将衣物丢进筒内,放入清水和洗衣粉。然后稳坐在座椅上,双脚在踏板上顺时针蹬几下,再逆时针蹬几下,利用人的腿部力量带动洗衣机筒转动,从而达到洗衣和健身两不误的效果。

【点评】 这款来自学生的发明创意多多,集洗衣与健身于一体,既节能又省水,很适合学生在宿舍内使用。

§6.2 制度与管理创新

【一日厂长制】

韩国一家生产卫生纸、化妆纸、卫生棉和婴儿尿布的厂家,为了进一步加强工厂的凝聚力,培养职工的主人翁意识和责任感,别出心裁地实行"一日厂长制"。

一日厂长制就是每星期三由基层职工轮流当一天厂长,负责管理工厂的业务。一日厂长上午9点上班,听取各部门主管的简单汇报,对整个工厂的经营情况有个全盘的了解,然后陪同厂长到各部门、车间去巡视工作情况。这样做,不仅让一日厂长熟悉其他部门、车间的业务,还可以开拓他的视野,了解工厂、车间之间相互协调的关系,以便自己更好地加强合作。

一日厂长可以对企业管理提出自己的看法,也可以对企业提出批评意见,并详细地记载在工作日记上让各部门相互传阅,各部门有则改之、无则加勉。改进工作的部门要在干部会议中提出改进工作的成果报告,只有当干部会议认可后才算结束。

一日厂长有处理公文的权力,对各部门、车间主管送来的公文,他将自己的意见批示后,交送厂长酌定。一日厂长制经过一年多的实践,该厂的职工有40多人当过厂长,并节省了成本200万美元,收到了显著的实效,工厂把这部分钱作为奖金发给全体员工,又一次增强了大家精诚合作的向心力,令同行业羡慕不已。

【点评】 管理创新出奇效。别出心裁的"一日厂长制",强化了员工的主人翁意识,增强了企业的凝聚力。

【零缺陷的妙方】

有一家生产降落伞的工厂,他们制造出来的降落伞从来没有在空中打不开的不良记录,其品质无与伦比。

有一位记者非常好奇,希望能够通过采访该企业的负责人,打探出生产零缺陷降落伞的秘诀。

企业负责人说:"要求降落伞品质零缺点是本公司一贯的政策,在离地面几千英尺的高空上,万一降落伞有破损或打不开的话,那可就是人命关天的大问题!所以降落伞的质量绝对不能出一点差错。"话毕,老板又漫不经心地说:"生产这类产品其实并没有所谓的奥秘!"

记者再追问,企业负责人淡淡地说:"要保持降落伞零缺陷的品质,其实很简单,根本就不是什么艰深难懂的大道理。我们只是要求,在每一批降落伞要出厂前,一定要从整批的货品中随机抽取几件,将它们交给负责制造该产品的工人,然后让这些工人拿着自己生产的降落伞到高空进行品质测试的工作……"

【点评】 零缺陷的妙方原来如此,它把"质量就是生命"的理念落到了实处。

【七人分粥】

有七个人住在一起,每天共喝一桶粥。要命的是,粥每天都不够。

一开始,他们抓阄决定谁来分粥,每天轮一个。于是每周下来,他们只有一天是饱的,就是自己分粥的那一天。

后来,他们推选出一个道德高尚的人分粥。强权就会产生腐败,大家开始挖空心思去讨好他、贿赂他,搞得整个小团体乌烟瘴气。

然后,大家开始组成三人的分粥委员会及四人的评选委员会,但他们常常互相攻击和扯皮,等粥吃到嘴里全是凉的了。

最后,他们想出一个办法:轮流分粥,但分粥的人要等其他人都挑完后拿剩下的最后一碗。为了不让自己吃到最少的,每个人都尽量把粥分得均匀。结果大家快快乐乐、和和气气,再也不为分粥的事而吵架,日子越过越好。

【点评】 同样是七个人和一桶粥,不同的分配制度,会产生不同的效果。一个单位工作习气不好,往往是机制存在问题。任何一个组织要运营良好,必须有科学管理制度的保证。管理者的主要职责就是建立一个合理的游戏规则,让每个员工按照游戏规则自我管理。

责任、权力和利益是管理平台的三根支柱,缺一不可。只有管理者把"责、权、利"的平台搭建好,员工才能"八仙过海,各显其能"。因此,管理创新的真谛在"理"不在"管"。

【神偷请战】

《淮南子道应训》记载,楚将子发喜欢结交有一技之长的人,并把他们招揽到麾下。有个其貌不扬、号称"神偷"的人,也被子发待为上宾。

有一次,齐国进犯楚国,子发率军迎敌。交战三次,楚军三次败北。子发旗下不乏智谋之士、勇悍之将,但在强大的齐军面前,简直无计可施。

这时神偷请战。他在夜幕的掩护下,将齐军主帅的睡帐偷了回来。

第二天,子发派使者将睡帐送还给齐军主帅,并对他说:"我们出去打柴的士兵捡到您的帷帐,特地赶来奉还。"

当天晚上,神偷又去将齐军主帅的枕头偷来,再由子发派人送还。

第三天晚上,神偷连齐军主帅头上的发簪都偷来了,子发照样派人送还。

齐军上下听说此事,甚为恐惧,主帅惊骇地对幕僚们说:"如果再不撤退,恐怕子发要派人来取我的人头了。"于是,齐军不战而退。

【点评】 用人之道,最重要的是要善于发现、发掘、发挥人才的一技之长。在用人大师的眼里,没有废人。一个团队总是需要各种各样的人才,成功的领导贵在能够很清楚地了解每个下属的优缺点,在适当的时候派最适合的员工去做他们适合的事情,这样所有的问题都将迎刃而解。

§6.3 营销与服务创新

【"史上最牛车"】

在2008年5月12日四川汶川那场震惊世界的地震灾难中,一位震区车主的雪铁龙轿车停在车棚里,被垮塌的三层楼楼房砸中,车身外壳变形严重,看起来已经面目全非。车主在地震后将车从废墟中抢出,看到这辆刚买半年的车一下子变成这样,车主十分心痛。

由于车的驾驶舱并没有变形,车门也能打开,于是车主的儿子抱着开开试试的侥幸心理,决定打火碰碰运气。令他兴奋的是,车子竟然发动了,还能播放音乐,挂挡试了试进、退和刹车,运行完全正常,基本的操控都没有问题。这令所有的现场救援人员非常惊讶。

这辆车被救出后在公路上行驶,被路过的记者拍到后发布在网上,很快引起了广大网民和媒体的关注。网民们纷纷惊叹:"很牛、很酷、很勇敢!"此外,该车的车牌号"川FA8512"引起网民们的热议,其尾数"8512"与汶川地震的震级和发生日期惊人吻合!

车主曾经想过修复这辆车,因为"这车性能很行,很好用,能修还是要尽量修",但修复成本较高,受灾之后车主一时难以拿出这样一大笔钱来。虽然如此,车主一家还是非常乐观,"我们一家二十多口人在这次地震中基本上都没什么事,有了人就有了一切。"车主的儿子也很乐观地表示,他们还在自己修房子,自食其力。

这辆在汶川地震中风靡互联网的最牛车,引起了它的制造者神龙公司的关注。公司认为,这辆车首先代表了灾区人民"大灾面前压不垮"的精神,被砸坏仍能开的最牛车和积极生产自救的车主杜模明都是这种精神的体现。在最牛车上体现出的灾区人民震不垮、压不倒的坚韧、勇敢精神,与神龙公司"居危思变、砺志卓远"的企业精神有共通之处,神龙公司将把这种坚韧勇敢、不屈不挠的精神进一步延续。神龙公司中法员工踊跃捐款,决定向车主捐送一辆价值19万的新凯旋轿车,再次表达神龙公司对灾区人民的关心和支持。

神龙公司在成都为车主举行了隆重的新车捐赠仪式。神龙公司捐送的这辆全新车,对于正在积极进行生产自救的车主一家来说,无疑是雪中送炭。车主同时将因地震损坏的"史上最牛车"赠送给神龙公司。

考虑到这辆在地震中被砸扁的"史上最牛车",能真实反映地震带来的巨大危害和灾区人民震不垮的精神,同时尾数为"8512"的车牌号具有极高的象征意义和收藏价值,神龙公司决定将该车无偿捐献给地震博物馆。

【点评】 这是一个利用公众关注事件开展营销创新的案例。在这个事件中,汽车制造商用区区一辆新车的价值,换得了媒体和公众对该汽车品牌的关注,达到了广而告之的积极效果,而且这个广告的附加值很高。

首先,"512"大地震是全国乃至全世界人民关注的重大事件,这个事件中产生的任何新闻,都会给人留下深刻、持久的记忆。地震中肯定砸坏很多汽车,可是大众所熟知的只有这辆雪铁龙汽车。神龙公司及时而巧妙地利用这一新闻事件,提高了人们对该汽车品牌的认知度。

其次,在地震中被砸成面目全非的汽车,还能开动并正常驾驶,不需要制造商宣称他们的产品质量如何好,人们便已经从该事件中感知到该品牌的汽车在某些方面的工艺和质量是可靠的。

另外,该事件中制造商的慷慨、大度和慈善,使人们对最牛车的车主产生一种羡慕心理,有利于提升企业形象,提高人们对该品牌汽车的购买欲望。尤其是神龙公司将"史上最牛车"捐献给博物馆,放在一个特定的场所里供人们参观,更能达到长久的宣传效果。

机会是留给有准备的头脑的。遇到类似事件的企业一定很多,但不是每个企业都善于利用事件开展创新活动的。创新,需要有敏锐的头脑。只有具有创新意识的人,才会善于捕捉机遇、利用机遇。

§6.4 失败发明的启示

【邱氏鼠药遭否定】

邱氏鼠药的发明人邱满囤,很早就开始研究灭鼠药。为了研究,他把三间房子都卖了,养老鼠11个年头,为的是方便观察老鼠的生活习性、特点和生理。后来,他离家到山东、天津、陕西等地,过起了民间卖鼠药的"流浪生活"。据说,有一天他在某村表演灭鼠,一天下来就灭鼠一万多只。新闻单位闻讯采访这位"灭鼠大王",邱满囤顿时成了新闻人物,他的发明也申请了国家专利。

然而,当对这种急性剧毒的"邱氏鼠药"进行科学鉴定时,遭到长期从事鼠类研究的专家们的质疑。专家们为什么否定"行之有效"的邱氏鼠药呢?

专家研究表明,老鼠,尤其是家鼠,具有很强的适应能力,它们有极精致的神经系统,能够传播预感。老鼠从来不在一个地方吃饱,喜欢群体活动。一只老鼠误食了一点急性剧毒药后出现痉挛反应时,有组织的鼠群会立即引起惊疑与绝食,绝对不会再吃这种药。即使经过精心策划,使用急性鼠药大面积、大规模灭鼠,也难以达到效果。

更令人担心的是,使用剧毒急性鼠药,能起到帮助鼠类淘汰劣等个体、优化种群的作用,人为地造成鼠类的健康化和快速繁殖。有些地区因为使用邱氏鼠药等急性鼠药,耗费了大量人力和物力,不仅达不到灭鼠的效果,鼠密度反而增大。同时,这种急性毒药不仅会毒死老鼠,还容易毒死家畜,甚至是人。剧毒急性鼠药在土壤里和植物体内能滞留数月乃至数年,土壤遭到剧毒鼠药污染后,长出的植物含毒量也很高,对环境的破坏不堪设想。

【点评】 邱氏鼠药的失败,来源于它的"成功"。一次成功不等于次次成功。在与老鼠斗智斗勇的过程中,摸清老鼠的习性,知己知彼,才能百战不殆。有专家指出,科学的灭鼠,是让鼠类在不知不觉中无痛苦地死亡。可研制一种慢性灭鼠药,老鼠吃了这种药后有一段潜伏期,毒性发作时也没有剧烈反应,足以让它们掉以轻心,以为是"生病"而死。另一种方法是设法使老鼠失去繁殖能力,从而让老鼠断子绝孙。面对鼠害,你又有何高招?

【源于生活实际的四则小发明】

图6-4(a)的这双筷子带有微型风扇,吃热面时就不会烫嘴啦。

(a) 带风扇的筷子

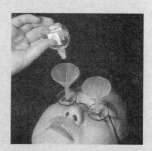
(b) 带漏斗的眼镜

图6-4 源于生活实际的四则小发明

图6-4(b)中这副装有两个漏斗的眼镜,可以在点眼药水时帮助你准确定位,以防止点错地方。

感冒了,用图6-4(c)中的装置,可以随时方便地擦鼻涕。

(c) 擦鼻涕装置　　　　　　(d) 防淋雨伞

图6-4　源于生活实际的四则小发明

下雨天用上图6-4(d)中的这把伞,身上再也淋不到雨啦。

【点评】 以上四则小发明均来源于生活实际,都是发明者为解决生活中遇到的实际问题而展开的设计。它们之所以被称为失败的发明,原因很简单:请你问一下自己,当你遇到类似问题时,你会不会购买这样的产品来使用?

实践是检验创新的唯一标准。再好的发明,如果没有市场,那终将成为失败的发明。

当然,对于上述发明,我们也不要急于全盘否定。毕竟其中也有很好的创意。例如,对那把防淋雨伞稍加改进,将伞四周遮雨的塑料改成不透明的,需要时可用按钮固定在伞边上,就可制成一把"更衣伞":更衣时把塑料(或布)和伞连接起来;不需要更衣时,把伞和塑料拆开,伞就可单独使用。在露天游泳时撑这把伞来换衣服,不就变成了一个很好的发明吗?

创新思考题

6.1 国家水利部的统计数字表明,目前全国有470个市不同程度缺水,108个市严重缺水。我国的北京、济南、沈阳、威海等100多个城市就因缺水而不得不在夏天采取限量供水措施,节水问题成为当务之急。请你提出若干种节水的措施或设想。

6.2 夏季用电普遍紧张,许多城市纷纷出台限制用电的措施,请你提出至少五种缓解夏季电力紧张的办法或设想。

6.3 谈谈你在阅读本书过程中所产生的任何创新设想、设计、建议、方案,或运用创新原理与方法产生的任何发明、创造、革新成果。

6.4 分析你所在单位在经营管理、科研开发、教学、服务等方面存在的不足之处,并运用创新原理与方法,提出创造性解决问题的思路。

6.5 仔细阅读下列报道,从创新的角度分析案例中的做法有何好处,从中你能得到哪些启发?

【发挥失常可参加"二次考试"】

考场发挥失常,对于学生来说实在是件憾事。大连理工大学推出的"二次考试"制度,则可以避免这一憾事:在这所学校,学生如果觉得第一次考试成绩并不能代表自己的真实水平,可以申请第二次考试。

据介绍,所谓"二次考试",就是允许学生对以前各学期考试成绩不理想或没有通过的部分理论课申请再考一次,最终成绩以两次考试中的高者为准。

二次考试从2000级学生开始试行。不论一次考试的成绩如何,同学们都可以自愿申请参加二次考试。二次考试与正常期末考试的难度相当,一个学生可申请参加多门课程的二次考试,也可以对跨学期课程进行重考。二次考试的推出,打破了一次考试定成绩的常规,给考试出现失误的同学一次机会,受到了学生的普遍欢迎。

附录

附录1 创新潜能测试

附录1提供了托兰斯创造性人格测试、创新潜能综合测试和尤金创造力测试等三套有关创新潜能的测试卷,仅供读者自我测试和自我评价时参考。

在进行自我测试时,要诚实地回答每一个问题,不要先看评分标准,以确保测试的有效性。

测试结束后,对照参考答案和评分标准,从创新的角度,分析你在日常表现中存在的问题或不足,对修正你的思维与行为一定会有所启发。

一、托兰斯创造性人格测试题

创造学的研究表明,高创造力的人有许多不同于常人的人格特征。下面的一组试题根据美国著名心理学家托兰斯的研究成果编成,可用来自我测试创造人格特征,以了解你的创造力水平。

【测试题】

请对下列问题作出肯定(打"√")或否定(打"×")的回答,做完全部题目后再查看答案。

1. 在做事、观察事物和听人说话时,我能专心致志。   （   ）
2. 我说话、写文章时经常用类比的方法。   （   ）
3. 我能全神贯注地读书、书写和绘画。   （   ）
4. 完成了一项工作后,我总有一种兴奋感。   （   ）
5. 我不大喜欢权威,常向他们提出挑战。   （   ）
6. 我很喜欢"打破砂锅问到底",寻找事物的各种原因。   （   ）
7. 观察事物时,我向来很仔细。   （   ）
8. 我常能从别人的谈话中发现问题。   （   ）
9. 在进行带有创造性的工作时,我经常忘记时间。   （   ）
10. 我能主动发现问题,并能找出与问题有关的各种关系。   （   ）
11. 除日常生活外,我平时大部分时间都在读书学习和研究学问。   （   ）

12. 我对周围的事物总是持有好奇心。（   ）
13. 对某一问题有新的发现时，我总会感到异常兴奋。（   ）
14. 我通常能预测事物的结果，并能正确地验证这个结果。（   ）
15. 即使遇到困难和挫折，我也不会气馁。（   ）
16. 我经常思考事物的新答案和新结果。（   ）
17. 我有很敏锐的观察能力和提出问题的能力。（   ）
18. 在学习中，我有自己选定的独特研究课题，并能采取自己独有的发现方法和研究方法。（   ）
19. 遇到问题，我经常能从多方面来探索它的可能性，而不是固定在一种思路上或局限在某一方面。（   ）
20. 我总有些新的设想在脑子里涌现，即使在游玩时也常能产生新的设想。（   ）

【测试结果评价】

◆ 记分方法 每个"√"记1分，各题得分相加，算出总分。
◆ 结果评价（仅供参考）

总分	0～9	10～13	14～17	18～20
等级	差	一般	好	很好

二、创新潜能综合测试

一个人只有认识自己，才能把握自己，发展自己。

下面这份创新潜能综合测试卷，参考了国内外多份有关创新意识、创新品质、创新能力的测试卷编制而成。通过测试，读者可了解自己在日常工作、生活、学习中的行为表现是否具有创新性，为进一步发挥自己的创新潜能、有效地完善自我而努力。

【测试题】 请对下列各题作出最适合你的选择，并将答案填入表格内，测试时间为10分钟左右。

题号	1	2	3	4	5	6	7	8	9	10
答案										
题号	11	12	13	14	15	16	17	18	19	20

答案										
题号	21	22	23	24	25	26	27	28	29	30
答案										
题号	31	32	33	34	35	36	37	38	39	40
答案										
题号	41	42	43	44	45	46	47	48	49	50
答案										

1. 你从不做没有把握的事吧? ( )
  A. 不,我常常做没把握的事   B. 有时会做没把握的事
  C. 是的,我从不做没把握的事

2. 你常与别人讨论问题吗? ( )
  A. 是的   B. 偶尔   C. 不

3. 你是一个做事非常谨慎的人吗? ( )
  A. 不是   B. 不知道   C. 是的,我做事非常谨慎

4. 你喜欢提问吗? ( )
  A. 是的   B. 说不准   C. 不,我从不主动提问

5. 你喜欢做别人没有做过的事吗? ( )
  A. 是的   B. 有时   C. 不喜欢

6. 你经常翻阅各种杂志吗? ( )
  A. 经常   B. 偶尔   C. 不

7. 购买某类产品时,你通常会选择老牌产品还是会尝试新产品? ( )
  A. 新产品   B. 无所谓   C. 老产品

8. 你决定做一件事时,总是说干就干,很少犹疑不决吗? ( )
  A. 是的,说干就干   B. 说不准   C. 常常犹疑不决

9. 你害怕在众人面前出丑吗? ( )
  A. 不害怕   B. 有时害怕   C. 害怕

10. 你希望生活充满变化吗? ( )
  A. 是的   B. 偶尔   C. 不

11. 你认为未来不可预测吗? ( )
  A. 不,未来是可预测的   B. 说不准
  C. 是的,未来不可预测

12. 做题目时你喜欢探索多种不同的解法吗? （   ）
    A. 是　　　　　　B. 偶尔　　　　　　C. 不

13. 你常担心自己会说错话吗? （   ）
    A. 不担心　　　　B. 有时会担心　　　C. 常常担心

14. 你经常观察一些动物的活动吗? （   ）
    A. 是的　　　　　B. 有时　　　　　　C. 从不

15. 你喜欢动手做各种试验吗? （   ）
    A. 很喜欢　　　　B. 说不准　　　　　C. 不喜欢

16. 你善于与人合作吗? （   ）
    A. 是的　　　　　B. 说不准　　　　　C. 不,我喜欢一个人干

17. 你害怕失败吗? （   ）
    A. 不害怕　　　　B. 说不准　　　　　C. 是的

18. 钻研难题会使您废寝忘食吗? （   ）
    A. 是　　　　　　B. 说不准　　　　　C. 不会

19. 你注意收集你感兴趣的事物的资料吗? （   ）
    A. 是　　　　　　B. 说不准　　　　　C. 不

20. 你是否能分辨出家人与邻居脚步声的不同? （   ）
    A. 能　　　　　　B. 有时　　　　　　C. 不能分辨

21. 你喜欢呆在家里,不喜欢到处走动吗? （   ）
    A. 不,我喜欢到处走动
    B. 不一定
    C. 是的,我喜欢呆在家里

22. 一件不如意的小事,也会使你不开心好几天吗? （   ）
    A. 不会　　　　　B. 说不准　　　　　C. 会的

23. 你常常因别人有不同意见而改变自己的决定吗? （   ）
    A. 不会
    B. 说不准
    C. 是的,我很在意别人的意见

24. 你对自己的生活有一系列打算吗? （   ）
    A. 是的　　　　　B. 说不清　　　　　C. 没有

25. 你喜欢别出心裁吗? （   ）
    A. 是　　　　　　B. 不能确定　　　　C. 不喜欢

26. 你是否常常想不起东西放哪里了,只好到处乱找? （   ）
    A. 基本上没有　　　B. 有时有　　　　C. 经常有
27. 你愿意把自己的观点告诉别人吗? （   ）
    A. 通常愿意　　　　B. 多数时候愿意　　C. 少数时候愿意
28. 你有时会从反面考虑事情的利弊吗? （   ）
    A. 是的　　　　　　B. 不能确定　　　　C. 不
29. 上课时你能集中注意力吗? （   ）
    A. 多数时间能　　　B. 一半时间能　　　C. 少数时间能
30. 当别人不同意你的看法时,你是否马上就沉下脸一言不发? （   ）
    A. 不　　　　　　　B. 不能确定　　　　C. 是
31. 在路上与熟人相遇时,你常常会一时叫不出他的名字吗? （   ）
    A. 不,我总能叫出对方的名字
    B. 有时会想不起来
    C. 常常叫不出对方的名字
32. 有人说你做事只有三分钟热度吗? （   ）
    A. 不　　　　　　　B. 不知道　　　　　C. 是
33. 你有做笔记的习惯吗? （   ）
    A. 是的　　　　　　B. 偶尔　　　　　　C. 从不做笔记
34. 你喜欢诸如登山、郊游、散步之类的野外活动吗? （   ）
    A. 喜欢　　　　　　B. 偶尔　　　　　　C. 不喜欢
35. 你喜欢与别人辩论吗? （   ）
    A. 是的　　　　　　B. 偶尔　　　　　　C. 不喜欢
36. 看小说时,你大脑中常会浮现出主人公的形象吗? （   ）
    A. 是　　　　　　　B. 说不准　　　　　C. 不
37. 看电视连续剧时,你构想故事发展的进程和结局吗? （   ）
    A. 常常　　　　　　B. 有时　　　　　　C. 极少
38. 你常常担心别人在背后讨论你吗? （   ）
    A. 不　　　　　　　B. 偶尔　　　　　　C. 是
39. 看书时你常心不在焉吗? （   ）
    A. 不　　　　　　　B. 不一定　　　　　C. 是的
40. 你喜欢边干边想,而不是想好后再干吗? （   ）
    A. 是的　　　　　　B. 不能确定　　　　C. 不,我总是想好后再干

41. 你常常把今天要做的事拖到明天吗？　　　　　　　　　　（　　）
    A. 不会　　　　　B. 有时会　　　　C. 常常会
42. 看书时你常摘录一些你感兴趣的内容吗？　　　　　　　　（　　）
    A. 是的　　　　　B. 有时　　　　　C. 不
43. 你喜欢反驳别人的观点吗？　　　　　　　　　　　　　　（　　）
    A. 是的　　　　　B. 说不准　　　　C. 不
44. 做事时，如果一种办法没有取得效果，你很快就能想到另一些可以使用的方法吗？　　　　　　　　　　　　　　　　　　　　　　　　　（　　）
    A. 是　　　　　　B. 说不准　　　　C. 不
45. 在看电影或电视剧时，你发现过一些不合情理的情节吗？（　　）
    A. 多次发现　　　B. 偶尔发现　　　C. 从未发现
46. 你是个手脚闲不住的人吗？　　　　　　　　　　　　　　（　　）
    A. 是的　　　　　B. 不能确定　　　C. 不是
47. 你喜欢与朋友聊各种事情吗？　　　　　　　　　　　　　（　　）
    A. 不喜欢　　　　B. 偶尔　　　　　C. 喜欢
48. 与人争论过后，你会从对方角度想一下是非曲直吗？　　（　　）
    A. 会　　　　　　B. 说不准　　　　C. 不会
49. 你喜欢看科幻小说或电影吗？　　　　　　　　　　　　　（　　）
    A. 喜欢　　　　　B. 偶尔　　　　　C. 不喜欢
50. 你认为自己会成为富有者吗？　　　　　　　　　　　　　（　　）
    A. 会　　　　　　B. 不能确定　　　C. 不会

【测试结果评价】

◆ 记分方法　每题答"A"为2分，答"B"为1分，答"C"为0分。各题得分相加算出总分。

◆ 结果评价（仅供参考）

总分	0～40	40～60	60～80	80～100
等级	差	欠佳	较好	很好

三、尤金创造力测试题

美国普林斯顿创造才能研究公司总经理、心理学家尤金·劳德塞，根据多年来对善于思考、富有创造力的男女科学家、工程师和企业经理等的个性和品质研究，设计了下面这套适用于成人的创造力测试卷。您只要花10分钟左右的时间,就可以测验一下自己的创造心理。

【测试题】 在下面每道题的后面,根据你自己的态度选择字母:同意的用"A",不同意的用"C",不清楚或吃不准的用"B"。回答必须准确、诚实,符合你的实际。

1. 我不做盲目的事,总是有的放矢,用正确的步骤来解决每一个具体问题。 （ ）
2. 我认为,只提出问题而不想获得答案,无疑是浪费时间。 （ ）
3. 无论什么事情,要我发生兴趣,总比别人困难。 （ ）
4. 我认为合乎逻辑、循序渐进的方法,是解决问题的最好方法。 （ ）
5. 有时我在小组里发表的意见,似乎使一些人感到厌烦。 （ ）
6. 我花费大量时间来考虑别人是怎样看待我的。 （ ）
7. 做我自己认为是正确的事情,比力求博得别人的赞同要重要得多。 （ ）
8. 我不尊重那些做事似乎没有把握的人。 （ ）
9. 我需要的刺激和兴趣比别人多。 （ ）
10. 我知道如何在考验面前保持自己的内心镇静。 （ ）
11. 我能坚持很长一段时间来解决一个难题。 （ ）
12. 有时我对事情过于热心。 （ ）
13. 在特别无事可做时,我倒常常会想出好的主意。 （ ）
14. 在解决问题时,我常常凭直觉来判断"正确"或"错误"。 （ ）
15. 在解决问题时,我分析问题较快,而综合所收集的资料较慢。 （ ）
16. 有时我会打破常规,去做我原来并未想到要做的事。 （ ）
17. 我有收集东西的癖好。 （ ）
18. 幻想促进了我很多重要计划的提出。 （ ）
19. 我喜欢客观而又有理性的人。 （ ）
20. 如果要我在本职工作之外的两种职业中选择,我宁愿当一个实际工作者,而不当探索者。 （ ）
21. 我能与自己的同事或同学们很好地相处。 （ ）
22. 我有较强的审美感。 （ ）
23. 在我的一生中,我一直在追求名利和地位。 （ ）
24. 我喜欢那些坚信自己结论的人。 （ ）
25. 灵感与获得成功无关。 （ ）
26. 争论时使我感到最高兴的是,原来与我观点不一致的人变成了我的朋友,即使牺牲我原先的观点也在所不惜。 （ ）

27. 我更大的兴趣在于提出新的建议,而不在于说服别人接受这些建议。
   （   ）
28. 我乐意独自一人整天"深思熟虑"。（   ）
29. 我常常避免做那种使我感到低下的工作。（   ）
30. 在评价资料时,我觉得资料的来源比其内容更为重要。（   ）
31. 我不满意那些不确定的和不可预言的事。（   ）
32. 我喜欢那种一门心思埋头苦干的人。（   ）
33. 一个人的自尊比得到他人的敬慕更为重要。（   ）
34. 我觉得那些力求完美的人是不明智的。（   ）
35. 我宁愿和大家一起努力工作,而不愿意单独工作。（   ）
36. 我喜欢那种对别人产生影响的工作。（   ）
37. 在生活中,我经常碰到不能用"正确"或"错误"来加以判断的问题。（   ）
38. 对我来说,"各得其所"、"各在其位"是很重要的。（   ）
39. 那些使用古怪和不常用词语的作家,纯粹是为了炫耀自己。（   ）
40. 许多人之所以感到苦恼,是因为他们把事情看得太认真了。（   ）
41. 即便遭到不幸、挫折和反对,我仍然能够对我的工作保持原来的精神状态和热情。（   ）
42. 想入非非的人是不切实际的。（   ）
43. 我对"我不知道的事"比对"我知道的事"印象更深刻。（   ）
44. 我对"这可能是什么"比对"这是什么"更感兴趣。（   ）
45. 我经常为自己在无意中说话伤人而闷闷不乐。（   ）
46. 即使没有报答,我也乐意为新颖的想法花费大量时间。（   ）
47. 我认为"出主意没什么了不起"这种说法是中肯的。（   ）
48. 我不喜欢提出那种显得无知的问题。（   ）
49. 一旦任务在身,即使受到挫折,我也要坚决完成。（   ）
50. 从下面描述人物性格的形容词中,挑选出 10 个你认为最能说明你性格的词：（   ）

精神饱满的	有说服力的	实事求是的
虚心的	观察敏锐的	谨慎的
束手无策的	足智多谋的	自高自大的
有主见的	有献身精神的	有独创性的
性急的	高效的	乐意助人的

坚强的	老练的	有克制力的
热情的	时髦的	自信的
不屈不挠的	有远见的	机灵的
好奇的	有组织力的	铁石心肠的
思路清晰的	脾气温顺的	爱预言的
拘泥形式的	不拘礼节的	有理解力的
有朝气的	严于律己的	精干的
讲实惠的	感觉灵敏的	无畏的
严格的	一丝不苟的	谦逊的
复杂的	漫不经心的	柔顺的
创新的	泰然自若的	渴求知识的
实干的	好交际的	善良的
孤独的	不满足的	易动感情的

【测试结果评价】

◆ 记分方法　每题得分如下,各题得分相加算出总分。

题号	得分			题号	得分		
	A	B	C		A	B	C
1	0	1	2	17	0	1	2
2	0	1	2	18	3	0	−1
3	4	1	0	19	0	1	2
4	−2	1	3	20	0	1	2
5	2	1	0	21	0	1	2
6	−1	0	3	22	3	0	−1
7	3	0	−1	23	0	1	2
8	0	1	2	24	−1	0	2
9	3	0	−1	25	0	1	3
10	1	0	3	26	−1	0	2
11	4	1	0	27	2	1	0
12	3	0	−1	28	2	0	−1
13	2	1	0	29	0	1	2
14	4	0	−2	30	−2	0	3
15	−1	0	2	31	0	1	2
16	2	1	0	32	0	1	2

(续表)

题号	得分			题号	得分		
	A	B	C		A	B	C
33	3	0	−1	42	0	2	−1
34	−1	0	2	43	2	1	0
35	0	1	2	44	2	1	0
36	1	2	3	45	−1	0	2
37	2	1	0	46	3	2	0
38	0	1	2	47	0	1	2
39	−1	0	2	48	0	1	3
40	2	1	0	49	3	1	0
41	3	1	0	50			

50.（1）下列每个形容词得2分：

精神饱满的　　观察敏锐的　　不屈不挠的
柔顺的　　　　足智多谋的　　有主见的
有献身精神的　有独创性的　　感觉灵敏的
无畏的　　　　创新的　　　　好奇的
有朝气的　　　热情的　　　　严于律己的

（2）下列每个形容词得1分：

自信的　　　　有远见的　　　不拘礼节的
一丝不苟的　　虚心的　　　　机灵的
坚强的

（3）其余形容词得0分。

◆ 结果评价（仅供参考）

总分	110～140	85～109	56～84	30～55	15～29	−21～14
等级	创造力非凡	创造力很强	创造力较强	创造力一般	创造力弱	无创造力

附录2 主要参考文献

[1] 蔡日增.创新原理与方法(第二版).北京:高等教育出版社,2003年.
[2] 易发久.不是不可能.北京:世界图书出版公司,2002年.
[3] 杨清亮.发明是这样诞生的.北京:机械工业出版社,2008年.
[4] 赵新军.技术创新理论(TRIZ)及应用.北京:化学工业出版社,2008年.
[5] 黑龙江省科学技术厅.TRIZ理论入门导读.哈尔滨:黑龙江科学技术出版社,2007年.
[6] 李嘉曾.创造学与创造力开发训练.南京:江苏人民出版社,1999年.
[7] 周道生,陶晓春.实用创造学.南京:南京师范大学出版社,2000年.
[8] 创新策略课题组.创新的策略:创新能力训练和测验.北京:红旗出版社,1999年.
[9] 彭耀荣,李孟仁.创造学教程.长沙:中南大学出版社,2001年.
[10] 唐殿强.创新能力教程.石家庄:河北科学技术出版社,2005年.
[11] 张立中.创新核心能力培训教程.北京:中国统计出版社,2002年.
[12] 王波,麻艳香.创新能力培训全案.北京:人民邮电出版社,2008年.
[13] 韦裕明.逆思维经营哲学.北京:当代中国出版社,1998年.
[14] 何名申.创新思维修炼.北京:民主与建设出版社,2000年.

图书在版编目(CIP)数据

创新一定有秘诀/陈健,钱维莹著. —上海:复旦大学出版社,2015.5
(复旦光华青少年文库)
ISBN 978-7-309-10286-4

Ⅰ.创… Ⅱ.①陈…②钱… Ⅲ.创造性思维-通俗读物 Ⅳ.B804.4-49

中国版本图书馆 CIP 数据核字(2014)第 005694 号

创新一定有秘诀
陈　健　钱维莹　著
责任编辑/梁　玲

复旦大学出版社有限公司出版发行
上海市国权路 579 号　邮编:200433
网址:fupnet@fudanpress.com　http://www.fudanpress.com
门市零售:86-21-65642857　团体订购:86-21-65118853
外埠邮购:86-21-65109143
常熟市华顺印刷有限公司

开本 890×1240　1/32　印张 7.25　字数 192 千
2015 年 5 月第 1 版第 1 次印刷
印数 1—3 100

ISBN 978-7-309-10286-4/B・495
定价:25.00 元

如有印装质量问题,请向复旦大学出版社有限公司发行部调换。
版权所有　侵权必究